お菓子はさらに
おいしく作れます！

ムラヨシマサユキ

はじめに

ときどき、僕はなぜお菓子を作るのだろう？　と、考えることがあります。
でも、ぐるぐると堂々めぐりをしては、オーブンから漂ってくる香りに中断され、
いつも答えが出なかったことを忘れてしまっています。

そんなくり返しの日々の中で、
2018年に前著である『お菓子はもっとおいしく作れます！』を発売しました。
この本は基本のお菓子で構成し、全てのレシピに
こだわりや工夫、製菓ルールなどをこれでもかと解説したうえで、
僕自身が長年にわたって無意識で行ってきたことや、
新しく取り入れたことを全て洗い出して詰め込みました。

そして、シリーズ2冊目となる本書では、思いつく限りのポイントを紹介しつつ、
僕が実際に作っている動画も載せる……といった
前著の姿勢をそのまま引き継ぎながらも、
細かく、細かく、しつこいと言われるくらいに説明を入れることで、
よりわかりやすく、濃い内容に仕上げています。

例えば"混ぜる"と書いてあっても、ただ混ぜればいいわけじゃない！　と、
理解してもらえるように、工程ごとにQ＆Aを通して説明を入れています。
なぜなら、お菓子は材料の配合から作り方まで、
全てが化学変化で成り立っているので、
理解すればするほど、おいしく進化するからです。
そして、知識を得たあとは、きっちりとレシピ通りに作る大切さを知ってください。
本書のレシピは、ビシッとおいしさが決まるように
組み立てていますので、作るときの気分で
安直に糖類を減らしたり、素材をかえたりしていては、
本当のおいしさには出会えません。
自分で行ったひとつひとつの作業が、
仕上がりを大きく左右することを理解しましょう。
ラフに作ればラフに仕上がり、繊細に作れば繊細な味になるのです。

ここまで読んで「ちゃんと作れるのだろうか?」と、
不安になっているかもしれません。
でも安心してください。さらにお菓子をおいしく仕上げるために
この本があり、僕がついています。あとは気合いと覚悟さえあれば、
お菓子のでき上がりに「自分で作ったとは思えない」と感動し、
「また作ろう!」と自信を持ってもらえるはずです。

僕は毎日、レシピノートを開いては、付け足したメモから前回の反省をし、
次回の課題や工夫を夢中で考えています。
ふと新しいレシピに出会って、真夜中に作りはじめることも少なくありません。
そうやって積み上げてきた経験によって、この本が作れたと思っています。

最初に"なぜ僕はお菓子を作っているのか"と、自身に問うていると書きましたが、
それは、ただお菓子が好きだからという気持ちが大前提にありつつも、
理由はそれだけではないような気がしています。
もしかしたら本書を通して、
お菓子作りの本当の楽しさを、みなさんに知ってもらいたいのかもしれません。

ムラヨシマサユキ

目次

マフィン生地

マドレーヌ生地

パウンドケーキ生地

この本の約束ごと

※小さじ1は5mℓ、大さじ1は15mℓ です。
※本書では電気オーブンを使用。オーブンはあらかじめ設定温度に温めておきましょう。また、オーブンは機種によって焼き加減に差があるので、お持ちのオーブンのクセをつかむことも大事です。
※電子レンジは機種によって加熱具合に差があるので、様子を見ながら加減してください。

ロールケーキ生地

シュー生地

プリン

動画レッスンについて

基本となる8種のレシピは全て動画レッスン付きです。スマートフォンやタブレットでQRコードを読み込むと、WEB上限定の動画レッスンが視聴できます。細かな手の動きや生地の状態、作り方のポイントをわかりやすく解説しているので、料理教室感覚で楽しめます。

※動画視聴にかかる通信費はお客様の負担となります。また、スマートフォン、タブレットの機種により、閲覧できない場合もあります。なお、動画の提供は予告なく終了することがあります。あらかじめご了承ください。

マフィン生地

気軽にパクパク食べたい。
気分に寄り添う、
心地よいおいしさを目指す

　僕の好きなマフィンのレシピは、あるときにガラッと変化しました。以前は、よりおいしくするために何度も配合を変えたり、作り方を工夫したりと頭をひねっては試行錯誤をくり返していましたが、マフィンにはその考え方が当てはまらないと気づいたのです。

　マフィン生地は、いわゆるパウンドケーキ生地とよく似ていて、作り方やアレンジも同じようなものが多々あります。要するにレシピがほぼ同じなのですが、では一体何が違うのか……。名前が違うだけ？　発祥？　型の形？など、お菓子の歴史や由来を調べて比べてみると、確かに違いはあります。でも、大事なことは明確に説明できるものではなく、もっと感覚的なことだと思っていました。なぜなら、このふたつのお菓子は「食べたいときの気分」が違うのです。同じような生地のはずなのに、なぜかマフィンを食べたいときには、パウンドケーキを食べたいとは思いません。

　僕がマフィンを食べたいと思うのは小腹がすいたときで、軽食のような位置づけ。マフィンは小さな型に分けて焼くので、冷めないうちにパクパクと食べられますが、パウンドケーキだとそうはいきませんよね？　マフィンにはパウンドケーキにはない食べやすさがあり、その気軽さがとても重要なのです。

　マフィンとパウンドケーキを食べるときの気持ちで区別をしたら、今までおいしさにだけとらわれていた視界が一気に広がり、レシピにも迷いがなくなりました。食べ心地を一番大切にしたマフィンこそが、僕のとっておきです。

マフィン

つながった生地に
あえて水分と油分を加えることで、
フカフカとした食感に

　フォークで食べるよりも、ちぎったり、かじったりして食べたいマフィンは、食べ心地が最優先。ひと口の量も多いので、食べやすく、飲み込みやすく仕上げましょう。同じような作り方であっても、パウンドケーキのように重厚で、はっきりとした味にしないことが、マフィンをおいしく作るためのポイントです。

　僕が思う理想のマフィンは、軽やかな甘さでフワッとした質感のもの。さらに、食べているときにじんわりとうま味が出てきて、生地の香りを感じられるものが好きです。この味を実現するためには、主材料の風味をあえて"個"として際立たせないことが重要！　お菓子作りをしていると、どうしても味をくっきり濃くしてしまいがちですが、個々の印象を強くしないほうが、食べ飽きないおいしさになるのです。

　作り方の肝は、バター、砂糖、卵、薄力粉を混ぜてつないだ生地に、あとから牛乳とサワークリームを加えること。つながった生地に水分と油分を足すことでもろく仕上げ、パウンドケーキにはない、ハフッとした独特の食感を作り出しています。さらに糖分を少なく配合することで焼き色があまり濃くつかないようにし、より一層フカフカ感を楽しめる生地に！　レモンの香りとサワークリームのほのかな酸味も、軽やかな食べ心地を支えるために一役買っています。

マフィン

材料（ 直径6cmのマフィン型6個分 ）

バター（食塩不使用）—— 70g

A｜上白糖 —— 50g
　｜きび砂糖 —— 15g
　｜塩 —— ひとつまみ
　｜レモンの皮（すりおろしたもの）—— 1/2個分

卵 —— 1個

卵黄 —— 1個分（またはプレーンヨーグルト〈無糖〉10g）

B｜薄力粉 —— 120g
　｜ベーキングパウダー —— 3g

C｜牛乳 —— 20g
　｜サワークリーム（またはプレーンヨーグルト〈無糖〉）—— 15g

下準備

◎ 卵、卵黄はよく溶きほぐし、室温に
　もどす。
◎ Aは指の腹ですり混ぜる。
◎ Bは合わせてふるう。
◎ Cは軽く混ぜる。
◎ 型に紙カップを敷く。
◎ バターは耐熱容器に入れ、ラップ
　をかけずに電子レンジ（300W）で
　30秒ほど加熱する。さらに様子を見
　ながら10秒ずつ加熱し、中心が冷た
　い状態のまま、指がスッと入るやわら
　かさにする。

1. バター、糖類を混ぜる

ボウルにバター、Aを入れ、ゴムべらでボウル
の側面に押しつけるようにしてすり混ぜる。

？｜砂糖は1種類ではダメ？

2種類使うことで、うま味が増す

上白糖を入れることで、生地はしっとりとした口当たりに
なり、こっくりとした甘さに仕上がります。ただ、上白糖
だけだとコクやうま味が足りずに味が単調になってしま
うので、きび砂糖で補いましょう。ただし、きび砂糖は量
が多いと生地が茶色く色づいてしまうほか、主材料であ
る卵や粉、バターの風味を損なうことがあるので、少量
だけ加えれば充分です。

？｜ハンドミキサーで混ぜる前に　どうしてゴムべらで混ぜるの？

糖類のダマを潰すため

糖類は溶けやすい性質がある一方で、ダマができると
一気に溶けづらい塊へと変化する性質も持っています。
いきなりハンドミキサーで混ぜると小さなダマが潰れず
にそのまま残ってしまうので、ゴムべらで押しつけるよう
にして混ぜ、ダマを潰してください。ダマが残ったまま卵
と混ぜると、卵の水分を吸ってさらに固くなってしまい、
生地の食感が悪くなる原因に。

「マフィン」の動画レッスンはこちら ▶ https://youtu.be/qftiW4q3Mx4

マフィン型
直径6〜7cmのもの。
POINT
型に紙カップを敷くことで、火の入り方が穏やかになり、ソフトな食感に仕上がります。

（完成）　　　（断面）

---

2. 白っぽくなるまで混ぜる

1をハンドミキサー（高速）で大きな円を描くようにして、白っぽくふんわりとするまで1〜2分混ぜる。

3. 溶き卵を加え、混ぜる

2に溶き卵を2回に分けて加え、そのつどハンドミキサー（高速）で大きな円を描くようにして、ふんわりとするまで30秒〜1分混ぜる。

? 白っぽくなるまで混ぜるのはなぜ？

生地をふくらませるため

状態が白っぽくなるのは、バターがしっかりと空気を含んだ証拠。マフィンは油脂の量が多く、ふくらみにくい生地なので、バターに空気を最大限含ませることで、焼成時に生地をふくらませることができます。

? 卵は溶かずに加えてもいい？

生地の質感が変わるので、必ず卵は溶きほぐして

卵をそのまま割り入れると、バターと糖類に水分の多い卵白と油分の多い卵黄が別々に混ざってしまい、食感が固く、パサッとした仕上がりに……。さらにコシや弾力も強く出てしまうので、焼くと生地が必要以上に大きくふくらんで縦長の気泡がたくさん入ってしまいます。卵はよく混ぜてから加えると、油分と水分が均一に混ざり、焼成時に生地をゆっくりとふくらませることができます。するとキメが細かく整った、ふわっとほぐれるような食感に焼き上がるのです。また、溶き卵は一気に全量を加えるとバターが分離するので、2回に分けて加えてください。気温が低い日は、様子を見ながら3〜4回に分けて加えましょう。

4. 粉類を加え、混ぜる

3にBを加え、ゴムべらで底から上下を返すようにして粉けがなくなるまで混ぜる。

5. 牛乳、サワークリームを加え、混ぜる

4にCを加え、底から上下を返すようにしてなじむまで混ぜる。さらに生地にツヤが出るまで20〜30回混ぜる。

? | 底から返すように混ぜるのはなぜ？

効率よく混ぜるため

「底から上下を返すようにして混ぜる」とは、ゴムべらで材料をボウルの底からすくい上げ、手首を返すようにして天地をひっくり返す方法。お菓子のレシピでよく目にする「切るように混ぜる」と同義で、粉に粘りけが出るのをできる限り防ぐことができます。さらに、粉は混ぜはじめるとボウルの底にたまるので、円を描くようにしてぐるぐると混ぜるよりも底から返すようにして混ぜるほうが、粉を手早く混ぜられる効果も。ぐるぐる混ぜる方法だと、生地にかかる負荷が大きく、余計な気泡が増えてしまったり、粘りが出て食感が悪くなったりするので、粉を混ぜ込む工程では行わないようにしましょう。また、作業中、ゴムべらについてしまった粉類をそのままにせず、カードできれいに取ってボウルに加えると、ムラなく混ぜられます。

? | 牛乳とサワークリームを最後に加えるのはなぜ？

食感をやわらかくするため

粉類も混ぜ終わり、ほぼ仕上がっている生地にあえて牛乳の水分とサワークリームの油分を加えることで、生地を固くする原因となるコシや弾力を弱めることができます。生地にはじめから水分と油分を加えると、粘りけや固さが出てしまうので、仕上げに加えてソフトな口当たりに！

? | サワークリームは加えないとダメ？

サワークリームの酸味と油分が必要

マフィンはひと口ひと口じっくりと味わうお菓子ではなく、気軽にパクパク食べてほしいお菓子なので、砂糖の量を控えめにしています。少ない甘さを最大限引き出すためには、サワークリーム（またはプレーンヨーグルト）の酸味が不可欠！ 酸味は加熱するとほぼ感じないので、甘みを感じさせるための引き立て役になります。また、牛乳の水分と一緒にサワークリームの油分を加えることで、生地がより一層しっとりとした食感になります。

6. 生地を型に入れる

型に**5**をスプーンで均等に入れ、表面をスプーンの背で押さえる。

7. 170度で20〜25分焼く

6を170度に予熱したオーブンで20〜25分焼き、竹串を刺して何もついてこなければ取り出す。型から紙カップごと取り出し、ケーキクーラーに置いて冷ます。

失敗してしまうと……

[失敗例①] 　ふくらまない

原因　・バターが混ぜ足りなかった

　　　　　・粉けがしっかりと混ざっていなかった

（成功）　　　　　（失敗）

バターと砂糖をハンドミキサーで混ぜる際、白っぽくふんわりとした状態になるまで混ぜないと、空気を充分に含ませることができず、油脂の重さで生地がふくらまなくなってしまいます。また、粉類を練るように混ぜたり、まだ粉けがあるうちに水分と油分を加えたりするのもダメ！　生地に粘りを生み、ギュッと詰まった状態に仕上がってしまいます。

[失敗例②] 　生地がダレる

原因　・型に生地を入れすぎた　　・ガスオーブンで焼いた

型の容量に対して生地が多いと型からあふれ出てしまうので、容量の7〜8割を目安に入れましょう。また、本書ではマフィンは電気オーブンを使用して焼いていますが、ガスオーブンでは同じように焼けないので注意。ガスオーブンは熱風が強い傾向があり、生地の中に火が入る前に表面が焼けてしまいます。すると、中に火が入ってふくらみはじめると、焼き固まった表面が割れて生地があふれ出てしまうことも……。ガスオーブンで焼く場合は、190度に予熱してから生地を入れ、一度電源を落として余熱で3分温め、再度170度で加熱して18分焼いてください。

（成功）　　　　　（失敗）

「マフィン」をアレンジ

ふわっとやわらかで、食べごたえのあるマフィンに
みんなが大好きな具材をプラス。表情豊かな
仕上がりは、手土産としてもオススメです。

ココアとチョコレートをプラス

ビターな生地と
濃密な甘さが後を引く

マフィンの材料内（P10）、Bを薄力粉90g、
コーンスターチ（なければ片栗粉）5g、ココア
パウダー（無糖）12g、ベーキングパウダー3g
に変更。作り方5（P12）でCを混ぜたあと、
チョコレートチップ50gを加えて底から上下を
返すようにして混ぜる。あとは同様に作る。

クランブルをプラス

ほろっと崩れるサクサクの
トッピングで華やかに

マフィンの作り方6（P13）で生地を型に入
れたら、クランブル（下記参照）の全量を均
等にのせる。あとは同様に作る。

クランブルの材料 （作りやすい分量）

バター（食塩不使用）—— 35g
A | 薄力粉 —— 50g
　 | グラニュー糖 —— 50g
　 | アーモンドプードル（皮つきのもの）—— 5g
バニラビーンズ —— 1/3本

クランブルの下準備

・バターは1cm角に切り、冷蔵室に入れて使用す
　る直前まで冷やす。
・Aをボウルに入れてさっと混ぜ、冷蔵室に入れ
　て10分冷やす。
・バニラビーンズは縦半分に切り、包丁の背でや
　さしく種をこそげ取る。

クランブルの作り方

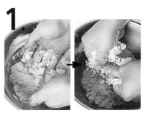

1. Aが入ったボウルにバニラビー
ンズの種を加え、手でさっと混
ぜる。バターを加えて粉や糖類
をまぶし、指の腹でバターを潰
しながらすり合わせる。バター
の粒が小さくなってきたら、両
手で手早くすり合わせる。

2. 1の粉類がバターの色味になっ
たら、ギュッと握ってほぐす作
業をくり返し、1〜2cm大のそぼ
ろ状にする。

＊保存容器に入れ、冷凍室で約2週
間保存可能。冷凍した場合、使用す
るときは、凍ったままマフィンにのせ
て焼く。

ブルーベリーをプラス

ジューシーな甘酸っぱさが
やさしい甘さの生地と合う

マフィンの作り方5（P12）でCを混ぜたあ
と、ブルーベリー60gを加えて底から上下を
返すようにして混ぜる。あとは同様に作る。

POINT
ブルーベリーは冷凍をそのまま使用しても
OKですが、その場合は、焼き時間を3〜5分
長くしてください。焼き上がったら竹串を刺し
て確認し、生焼けのまま取り出さないように。

マドレーヌ生地

シンプルなレシピだからこそ、真剣に向き合って作り続けたいお菓子

　マドレーヌは発祥の由来に諸説ありますが、その名前がつけられてから300年以上経つ、歴史の長いフランス菓子です。「卵、砂糖、小麦粉、バターを混ぜた生地を、型に流し入れて焼く」と、材料も作り方もかなり単純明快。お菓子作りが初心者の方でも無理なく作ることができるので、多くのレシピ本にも記載されています。ただ、材料も少なくて、シンプルな作り方だからこそ、作り手の気持ちや力量、作る過程など、全てがそのまま映し出されてしまうお菓子だと、僕は考えています。

　お菓子の材料としては一般的で、食べ慣れた卵、砂糖、小麦粉、バターで作るマドレーヌは、素材の特性をしっかり生かさないと、おいしさや感動を得づらいという難しさがあります。さらに特徴的な凹凸模様の型をいかに使いこなしてきれいに仕上げるかも、すごく重要。飾り気がないからこそ、味と形のどちらも両立させて、はじめて成り立つお菓子だと思います。

　作りやすいお菓子として、もちろんいろいろな人に気軽に楽しんでほしいのですが、文化も歴史も深い外国のお菓子をヒョイッと軽はずみに、ただ簡単なお菓子として取り上げることはしたくないのです。だからこそ、僕はマドレーヌといつも真剣に対峙し、レシピを作っています。

マドレーヌ

（ しっとり ）

糖度の高い生地を
温度差を利用してふくらませ、
しっとり感をキープする

　しっとり食感に仕上げるマドレーヌは、伝統的なレシピを生かしながら、僕の好きな味や食感になるように配合しました。生地がしっとりとしていてこっくり甘く、小さいサイズでも充分食べごたえのあるお菓子に仕上がっています。

　また、レシピを考えるうえで最も苦心したのは、ベーキングパウダーの量を最小限まで減らすことです。マドレーヌのように糖度が高い生地は、材料を混ぜただけではあまりふくらまないので、一般的なレシピでは、多量のベーキングパウダーを配合しています。ベーキングパウダーは重たい生地をガッと持ち上げてふんわりと焼き上げる作用がありますが、含有量の多い生地は、時間が経つと固く締まってパサつくという難点が……。さらに焼き方を間違えると、焼成中に発生したベーキングパウダーのガスを放出できず、マドレーヌの代名詞である"おへそ"を作れずに、苦みが出てしまうことがあります。

　これらを改善するために"ベーキングパウダーを減らす"のはもちろん、少量でも効果を最大限引き出すために"冷やした生地と型を高温のオーブンで焼き、温度差を利用してガスを一気に抜く"ことで、マイナス要素を打破！ 美しい"おへそ"があり、しっとり感が持続するマドレーヌへとたどり着いたのです。

マドレーヌ （しっとり）

焼き時間　190度／12〜15分

材料（8個分）

卵 —— 1個
はちみつ —— 10g
A｜グラニュー糖 —— 30g
　｜きび砂糖 —— 5g
　｜レモンの皮（すりおろしたもの）—— 1個分

B｜薄力粉 —— 50g
　｜ベーキングパウダー —— 1g
バター（食塩不使用）—— 50g
バニラエッセンス —— 1滴
打ち粉（強力粉）—— 適量

下準備

◎ Aは指の腹ですり混ぜる。
◎ Bは合わせてふるう。
◎ 鍋に湯を沸かして火を止め、湯煎の準備をする。

1. 卵を溶きほぐして糖類を加え、湯煎で混ぜる

ボウルに卵を割り入れ、泡立て器で溶きほぐす。はちみつ、Aを加えてさっと混ぜ、湯煎（70〜80度）にかけながら糖類が溶けるまで混ぜる。

？｜レモンの皮を混ぜるコツは？

すり混ぜると、香りを充分に引き出せる

すりおろしたレモンの皮は水分も多く、くっついているので、そのまま入れてさっと混ぜただけでは、ほかの材料と混ざりません。糖類に指の腹でもみ込むようにしてすり混ぜることで、生地の中にレモンの皮をちりばめやすくなり、香りもしっかりと移すことができます。

？｜糖類は3種類必要？

それぞれ役割が違う

はちみつには焼成後も生地をしっとりと保って風味をよくする効果があり、グラニュー糖にはスッキリとした雑味のない甘さでマドレーヌの味を支える働きがあります。ただ、2種類だけではうま味やコクが足りないので、少量のきび砂糖で補うと◎。マドレーヌは糖類の量が多いので、しつこい甘さにならないよう、糖類の特性を生かしましょう。

？｜湯煎にかけて混ぜるのはなぜ？

糖類を溶かすため

レモンの皮を混ぜたグラニュー糖ときび砂糖は、皮の水分を吸って固まることがあるため、はちみつと合わせて、湯煎で温めながら溶かしましょう。また、卵の量に対して糖類の量が多いので、卵黄と卵白をよく溶きほぐしてから糖類を加えないと、卵黄の水分をグラニュー糖ときび砂糖が吸ってダマになり、溶けにくくなるので注意。

「マドレーヌ（しっとり）」の動画レッスンはこちら ▶ https://youtu.be/6FEk8BVtabM

マドレーヌ型

長さ7cmの型が
8個連結したもの。

（完成・表面）　　（完成・裏面）　　（断面）

2. 粉類を加え、混ぜる

1を湯煎からはずし、Bを加えて粉けがなく
なるまで混ぜる。

3. 煮立たせたバターを加え、混ぜる

小鍋にバターを入れて中火で熱する。ゴムべらで混ぜながらバター
を溶かし、煮立ったら火を止める。**2**に加えてバターの筋が見えな
くなるまで均一に混ぜ、さらに生地にツヤが出るまで10回ほど混ぜ
る。バニラエッセンスを加え、混ぜ合わせる。

? 混ぜ方のポイントは？

泡立て器を立て、一定の速度で混ぜる

生地に余計な粘りを出さないよう
にするため、泡立て器を立てて持
ち、1周あたり2秒くらいの速度で
ゆっくりと混ぜましょう。泡立て器
の角度を変えたり、混ぜる速度が
速くなったり遅くなったりすると、生
地に負荷がかかって固くなります。
また、粉けがなくなったら、それ以
上は混ぜないようにすることも、生
地が固くなるのを防ぐコツです。

? どうしてバターを溶かすの？

**生地と混ざりやすくなり、
食感もしっとりとするため**

バターは溶かしてから煮立たせると、香りがさらに引き
出されるほか、ドロドロとした状態からサラサラとしたな
めらかな状態になることで、生地と混ざりやすくなりま
す。また、普通のバターケーキではバターを白っぽくなる
まで混ぜ、空気を抱き込ませることで生地をふくらませ
ますが、マドレーヌではあえて溶かしバターにして空気
を抱き込ませないようにすることで、生地のふくらみを
控えめにして、よりしっとりとした食感を味わえるように
します。作業の際は、熱々のバターを加えたら、手早く
混ぜて生地の表面に火が入らないようにしましょう。

4. 生地を休ませる

ラップを2枚広げて重ねる。**3**の生地の表面に二重にしたラップをぴったりとかぶせ、さらにボウルにラップをかける。冷蔵室に入れ、6〜8時間休ませる。

5. 型にバターをぬって冷やし、打ち粉をふる

型に刷毛でバター適量（食塩不使用・分量外）を薄く均一にぬり、冷凍室に入れて15分冷やす。型を冷凍室から取り出し、打ち粉をふる。余分な粉をはたき落とし、電子スケールの上にのせる。

？ ラップを三重でかけるのはなぜ？

生地の状態を保ち、臭い移りを防ぐため

生地にラップをぴったりと張りつけることで、バターとレモンの香りが逃げるのを防ぐほか、生地が乾燥するのも防ぎます。生地にかぶせるラップを二重にするのは、ラップについた生地をカードでこそげ取るときに、ラップが破れないようにするため。三重目のラップは、冷蔵室内の臭いが生地に移るのを避けるためのものです。

？ バターは刷毛でぬらないとダメ？

刷毛で均一にぬることが大事

指やシリコン製の刷毛だと、型の凹凸に沿って均一にぬることができません。型にバターがたまると、焼きムラの原因にもなるので、必ず"天然毛"や"化学繊維製"の刷毛を使って縦方向にぬってください。横方向でぬると、せっかく刷毛を使っても型の凹凸にバターがたまってしまいます。

NG

？ 生地を休ませる理由は？

固さやコシを落ち着かせるため

薄力粉を混ぜると、生地に余計な固さやコシが生じるので、一度冷蔵室で休ませて食感が悪くなるのを防ぎましょう。休ませずに焼くと、生地に弾力が残ってしまい、ソフトな食べ心地にはなりません。また、この工程は冷凍室で一気に冷やしても時間は短縮できないので注意。冷やすのが目的ではなく、コシがゆるむための時間が生地には必要なのです。

？ 打ち粉は薄力粉ではなく、強力粉を使ったほうがいいの？

強力粉を使うと、型からはずれやすくなる

生地作りで使用している薄力粉ではなく、使用していない強力粉を打ち粉で用いるのは、粒子が強力粉のほうが粗く、型からスムーズにはずしやすくなるため。マドレーヌは糖類の量が多くて型にくっつきやすいので、バターをぬったあとに必ず打ち粉をふり、余分な粉ははたき落としておきましょう。

6. 生地を型に入れる

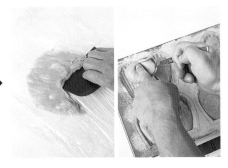

4のラップをはずし、ラップについた生地をカードできれいに取り、ボウルに加える。生地をスプーンですくい、1個あたり27～30gになるように計りながら入れる。

？ | 生地は計らずに入れてもいい？

焼きムラができるので必ず計量を

平たくて先端が薄いマドレーヌは、生地量の誤差が焼き上がりを左右するため、1個あたりの量を27～30gで調整してください。生地量が違うと先に焼き上がったものを途中で取り出さなければならず、その際にオーブン庫内の温度が下がってしまい、まだ焼けていない生地がふくらまなくなってしまいます。

？ | 冷ますときの注意点は？

焼けたらすぐに型からはずす

焼成後、型に入れたままだと、蒸れて表面がはがれたり、シワが寄ったりするので、すぐに型からはずしてください。はじめはふくらんだ"おへそ側"を上にして置き、形が崩れないようにキープを！ 10分ほど経ったら上下を返し、型に接していた側の凹凸もきれいに保ちましょう。

7. 190度で12～15分焼く

6を台に2～3回落とし、190度に予熱したオーブンで12～15分焼く。取り出して竹串で型からはずし、オーブン用シートを敷いたケーキクーラーに置いて冷ます。

■ 失敗してしまうと……

[失敗例 ①]

ふくらまず、おへそが出ない

（成功） （失敗）

原因

・生地と型の温度が室温にもどった

・オーブンの予熱が足りなかった

冷たい生地と型を高温のオーブンに入れると、温度差でベーキングパウダーのガスが一気に抜け、生地がふくらんでマドレーヌに"おへそ"ができます。生地や型の温度が室温にもどっていたり、オーブンを予熱していなかったりすると、ガスが抜けずに生地もふくらみません。

[失敗例 ②] 焼きムラができる

（成功） （失敗）

原因

・バターを均一にぬれていなかった

型の凹凸にバターがたまって均一の厚さにぬれていないと、焼いたときに熱の通り具合に差が出て、焼きムラができます。

[失敗例 ③] 油じみができる

（成功） （失敗）

原因

・油分が混ざっていなかった

バターは混ざったと思っても意外と混ざっていないもの。バターの筋が見えなくなるまで混ぜたら、さらにツヤが出るまで10回ほど混ぜないと、生地が油臭くなったり、油じみができたりします。

マドレーヌ

(ふんわり)

ラム酒とバターが香る
ふんわりなめらかな卵生地は
混ぜて混ぜてつなぐ!

　幼いころから平たいアルミカップに入ったマドレーヌが大好きでした。お店でよくね
だって買ってもらったのも、母がよく手作りをしてくれたのも、この平たいマドレーヌで
したが、フランス菓子の勉強をはじめて、今まで親しんできたマドレーヌがパンドジェ
ンヌという別のお菓子だということが分かりました。しかも、日本で広まっているもの
は、フランスで食べられているパンドジェンヌからも大きく変化していたのです。事実を
知ったときはとても混乱しましたが、この変化はお菓子職人の方たちが、日本人の口に
なじむように工夫してくれた努力の結果なのだと、今では思っています。

　本書にマドレーヌを取り上げたいと考えたとき、「フランス菓子のマドレーヌ」と「日
本生まれのマドレーヌ」のふたつを紹介しようと考えました。ふんわり生地にラム酒と
バターが香る日本のマドレーヌは、僕が大好きな一品。いつか形にして残したいと、僕
の中でずっと温めてきたレシピです。

　ふんわり食感のマドレーヌは、いわゆる伝統的な作り方ではなく、スポンジ生地に近
い作り方。卵に空気を含ませながら泡立てて、小麦粉、バター、ラム酒を加えて混ぜ、
ここからさらに混ぜて混ぜて生地をつなげながら、余計な気泡を消していきます。頑
張って泡立てたふわふわの気泡をこんなにも潰していいの? と、不安になる方もいる
と思いますが、安心してください。あえて気泡を潰すことで生地内の余分な空気が消
え、ふんわりやわらかなマドレーヌに仕上がるのです。

5. 煮立たせたバターとラム酒を加え、混ぜる

小鍋にCを入れて中火で熱する。ゴムべらで混ぜながらバターを溶かし、煮立ったら火を止める。木べらに当てながら4に加え、底から上下を返すようにしてバターの筋が見えなくなるまで均一に混ぜる。さらに生地にツヤが出て、すくい上げると帯状に重なるように流れ落ちるまで100〜120回混ぜる。

? | どうしてバターを溶かすの？

生地に混ざりやすくなり、余分な気泡を消せるから

バターは溶かしてから煮立たせると、香りがさらに引き出されるほか、ドロドロとした状態からサラサラとしたなめらかな状態になることで、生地と混ざりやすくなります。また、泡立てた卵液の気泡は溶かしバターを加えたショックでたくさん消えてしまうので、必要な気泡を残すためにも、この工程に至るまでにできる限り潰さずに残しておくことが大事！　溶かしバターを加えると不規則に混在していた大きな気泡や余分な気泡を消すことができ、さらにバターを均一に混ぜた状態からツヤが出るまで100〜120回混ぜることで、必要最小限の細かい気泡だけを残したなめらかな生地に仕上げられます。

? | 温めたバターを加えるときの注意点は？

へらに当てながら加える

溶かしバターを加える際、生地が受けるショックをなるべく和らげるため、一度へらに当ててワンクッションおいてから加えてください。気泡が多い生地なので、直接加えるよりも生地のダメージを最小限に抑えられます。

NG

6. 冷やした型に打ち粉をふる

型を冷凍室から取り出し、打ち粉をふる。余分な粉をはたき落とし、電子スケールの上にのせる。

? | 打ち粉は薄力粉ではなく、強力粉がいいの？

強力粉を使うと、型からはずれやすくなる

生地作りで使用している薄力粉ではなく、使用していない強力粉を打ち粉で用いるのは、粒子が強力粉のほうが粗く、型からスムーズにはずしやすくなるため。マドレーヌは糖類の量が多くて型にくっつきやすいので、バターをぬったあとに必ず打ち粉をふり、余分な粉ははたき落としておきましょう。

7. 生地を型に入れる

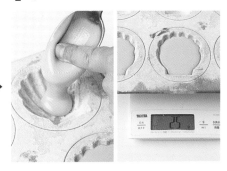

5をスプーンですくい、1個あたり25〜28gに
なるように計りながら入れる。

8. 180度で17〜18分焼く

7を台に2〜3回落とし、180度に予熱したオーブンで17〜18分焼
く。取り出して竹串で型からはずし、オーブン用シートを敷いたケー
キクーラーに置いて冷ます。

？ 生地は計らずに 入れてもいい？

焼きムラができるので必ず計量を

マドレーヌは生地量の誤差が焼き上がりを
左右するため、1個あたりの量を25〜28gで
調整してください。生地量が違うと先に焼き
上がったものを途中で取り出さなければな
らず、その際にオーブン庫内の温度が下がっ
てしまい、まだ焼けていない生地がふくらま
なくなってしまいます。また、この生地はよく
ふくらむので、型に入れるときは容量の7割
程度に留めましょう。

？ 冷ますときの注意点は？

焼けたらすぐに型からはずす

はじめに型に接していた側を上にして置き、形
が崩れないようにキープを。10分ほど経ったら
上下を返し、片側だけが潰れないようにしま
しょう。また、焼成後の生地は網目の跡がつか
ないよう、オーブン用シートの上にのせると◎。

失敗してしまうと……

[失敗例 ①]　表面がデコボコになる

原因　混ぜ足りなかった

（成功）　　（失敗）

溶かしバターを加えたあとに生地を
しっかり混ぜないと、不規則に混在
した大小の気泡が生地内に残ってし
まい、それが焼成後に穴となって表
面に現れてしまいます。また、生地内
の気泡が多いと必要以上にふくらん
でしまい、冷ましたときに焼き縮みが
起きて表面にシワが寄ることも。

[失敗例 ②]　大きな気泡が入る

原因　リボン状になるまで混ぜなかった

（成功）　　（失敗）

卵液はよく泡立てておかないと状態
が不安定になり、粉やバターを加える
タイミングで必要以上に気泡が潰れ
てしまいます。気泡がなくなると生地
をふくらませる役割はベーキングパウ
ダーだけで担うことになり、少ないパ
ワーで生地を無理やりふくらませよう
とした結果、大きな穴があいた粗い
生地になってしまいます。

「マドレーヌ」をアレンジ

しっとりと、ふんわり。それぞれの食感を生かした、
至福のおいしさに満たされるメニューをご紹介。
お店に負けない仕上がりと味わいは、感動ものです。

【 マドレーヌ（しっとり）をアレンジ 】

ホワイトチョコレートをプラス

ミルキーな甘さを
半分だけまとい、
愛らしい
仕上がりに

マドレーヌ（しっとり）の作り方3（P21）でバニラエッセンスの
かわりにレモン汁10gを加え、あとは同様に作る。ホワイトチョ
コレート（製菓用）50gは、1/2量を湯煎にかけて溶かし、湯煎
からはずして残りのホワイトチョコレートを加えて余熱で溶か
す。ゴムべらで混ぜ、マドレーヌを斜め半分だけチョコレートに
浸し、オーブン用シートの上に並べてよく乾かす。

POINT

チョコレートは一気に全量を溶かすと、乾くまでに
時間がかかります。半量は余熱で溶かすことでチョ
コレートの状態が安定し、乾きやすい状態に。

紅茶の茶葉をプラス

さわやかな
香りが魅力の
アールグレイを
使うと美味

マドレーヌ（しっとり）の作り方2（P21）で粉類と一緒に紅茶
（アールグレイ）の茶葉（ティーバッグ）1gを加え、あとは同様に
作る。

POINT

個包装されたティーバッグの茶葉は、形状が細かいのでそのま
ま生地に加えてOK。ティーバッグに入っていないものは、すり
混ぜるか撹拌して、細かくしてから加えましょう。

【 マドレーヌ（ふんわり）をアレンジ 】

アルミ型で焼き、アーモンドをプラス

大きく焼くと、
より一層
ふんわり感を
楽しめる

マドレーヌ（ふんわり）の材料内（P26）、Bのコーンスターチ
をアーモンドパウダー10gにかえる。下準備（P26）と作り方6
（P28）で型の用意をせず、作り方7（P29）でアルミ型（直径9
cm）4個に42〜45gずつ入れる。アーモンドスライ
ス30gを均等にちらし、あとは同様に作る。

POINT

アルミ型があれば、型がなくても作れます。

コーヒーアイシングをプラス

ほんのりビターな
味わいと
パリパリ食感が
たまらない

マドレーヌ（ふんわり）の作り方8（P29）でマドレーヌが冷めた
ら、ボウルにインスタントコーヒー（粉末）小さじ1、水小さじ
2、粉砂糖50gを入れ、泡立て器で混ぜてアイシングを作る。刷
毛でマドレーヌの表面（上側）にぬり、オーブン
用シートの上に並べてよく乾かす。

POINT

一定方向に刷毛を動かすと、きれいな仕上がりに。

パウンドケーキ生地

何年経ってもこのレシピが
最もおいしいと思う、
2種のパウンドケーキ

　僕のパウンドケーキには、基本となる4種の作り方があります。前著の
『お菓子はもっとおいしく作れます！』では、僕が今までに何度も作って配
合を練り上げてきた、2種のパウンドケーキをご紹介したので、本書では、
残り2種のレシピをお教えできたらと思います。

　今回のラインナップは、オールドスタイルな配合と手順で作るフランス
菓子のパウンドケーキと、ただ混ぜるだけで作れるけど、これまでよしとさ
れていた製菓理論からは外れているパウンドケーキです。しかもこの2種
は、いろいろな配合やバランスで試した結果、改めて昔から受け継がれて
きた伝統的な作り方がベストだと気づいた生地です。

　そのうえで、基本的な配合や手順に大きな変化をつけなくとも、使う材料
の組み合わせによって新しいおいしさを発見し、レシピに落とし込んでいま
す。ご紹介するパウンドケーキでも、僕自身がさまざまな旅先で出会って、
吟味した素材で「これは合う！」とひらめいたものを取り入れました。レシピ
自体の発祥や文化では交わることのなかった素材をあえて組み合わせるこ
とは、ある意味冒険でしたが、基本の味としてふさわしいパウンドケーキに
なったかなと思っています。

パウンドケーキ

（ フレンチ ）

しっかりとした食べごたえと、
口の中でほどけていく
繊細な食感が両立

　数あるパウンドケーキの中で僕が最も好きなのが、「別立て」製法で作るフランス菓子のパウンドケーキです。別立てとは、卵を卵黄と卵白に分けて別々に泡立てる製法で、メレンゲの力で生地を持ち上げます。ベーキングパウダーを使用しないので、生地が不自然にふくらむことがなく、ほどけるように溶けていく食感に仕上がります。

　パウンドケーキは油脂を多く使うお菓子なので、重い生地をどのようにふくらませるか、そしてふくらませるための空気をどの工程で組み込むかが重要です。この生地は卵白に空気を含ませたメレンゲでふくらませるので、全卵やバターを泡立ててふくらませるよりも、生地がキメ細かく、なめらかになります。さらに、メレンゲや粉を加える際、材料が混ざりきる前に次の材料を加えることで、ふんわり感がより一層高まります。

　またこのレシピでは、新たな試みとして、糖類に和三盆を活用しました。フランス菓子に日本の和三盆が合うの？　と、疑問に思う人もいるかもしれませんが、和三盆は何度も磨かれることによって澄んだ甘さになり、組み合わせた素材の持ち味をより引き出せるというよさがあります。もともとイギリスやアメリカで親しまれている、ざっくりとしたパウンドケーキの作り方とは異なり、繊細な質感を重視するフランスのパウンドケーキには、素材の味を邪魔せずにすっとなじむ和三盆が、驚くほどピタッとはまったのです。伝統的な作り方に日本の糖類を合わせ、よりブラッシュアップした味をぜひ堪能してください。

パウンドケーキ （フレンチ）

焼き時間　170度／35〜40分

材料（約18×9×高さ6cmのパウンド型1個分）

バター（食塩不使用）── 90g

和三盆（または粉砂糖かグラニュー糖）── 50g

バニラビーンズ── 1/2本

アーモンドパウダー（皮つきのもの）── 30g

卵黄── 3個分（約60g）

卵白── 2個分（約70g）

塩── ひとつまみ

グラニュー糖── 30g

A┃薄力粉── 70g
　┃強力粉── 15g

打ち粉（強力粉）── 適量

下準備

◎ 卵白は冷蔵室に入れ、使う直前まで冷やす。

◎ 型に刷毛でバター適量（食塩不使用・分量外）を薄く均一にぬり、冷凍室に入れて使う直前まで冷やす。

◎ Aは合わせてふるう。

◎ バニラビーンズは縦半分に切り、包丁の背でやさしく種をこそげ取る。

◎ バターは耐熱容器に入れ、ラップをかけずに電子レンジ（300W）で30秒ほど加熱する。さらに様子を見ながら10秒ずつ加熱し、中心が冷たい状態のまま、指がスッと入るやわらかさにする。

？｜どうして和三盆を使うの？

**スッキリとした甘さで
素材の味を生かすため**

和三盆はきび砂糖、三温糖、黒糖などと同様に、まろやかなうま味やコクがありつつも、口当たりがとても軽やかなのが特徴。さらに甘みがスッキリとしていてクドさがないので、粉や卵など、ほかの素材の味を打ち消すことなく、しっかりと引き立たせることができます。フルーツやナッツなどの具材を入れないケーキでは、素材のシンプルな味がおいしさを左右するので、和三盆の上品な甘さが味のベースとなることで、うま味をぐっと底上げしてくれます。

？｜型にバターをぬるのはなぜ？

焼き色をムラなくつけるため

型にオーブン用シートの型紙を敷かずに生地を入れると、型から直接熱が入り、表面全体にきれいな焼き色がつくほか、食感もふっくらと焼けます。バターをぬるときは、生地がくっつきやすい型の四隅をより丁寧にぬることが大事。刷毛を使うことでムラなく、均一にぬることができます。作業を終えたら、使う直前まで冷凍室に入れ、バターが溶けないようにしましょう。

「パウンドケーキ（フレンチ）」の動画レッスンはこちら  https://youtu.be/I5xymP5Qul8

パウンド型
約18×9×高さ6cmのもの。

（完成）　（断面）

1. 卵白、塩、グラニュー糖を混ぜる

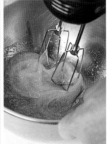

ボウルに卵白、塩、グラニュー糖15gを入れ、ハンドミキサー（低速）で大きな円を描くようにして20〜30秒混ぜる。さらにハンドミキサー（高速）でもこもこ泡立ってくるまで同様に2〜3分混ぜ、残りのグラニュー糖を加えてさっと混ぜる。

2. メレンゲを仕上げる

1をさらにハンドミキサー（高速）で大きな円を描くようにして混ぜ、すくうと先端が少し下を向くくらいまで泡立てる。冷蔵室に入れ、使う直前まで冷やす。

？ | メレンゲから作りはじめる理由は？

**ハンドミキサーに
油分がつかないようにするため**

メレンゲは油分に弱いので、ハンドミキサーに少しでも油分が残っていると泡立ちにくくなります。そのため、油分が多いバターや卵を泡立てる前に、メレンゲを作っておくと効率よく作業がすすめられます。ただし、メレンゲの気泡が消えずに状態を保てる時間は、冷蔵室に入れて10分程度。手早く次の作業を終わらせるためにも、あらかじめ材料は計量し、下準備を終えておきましょう。

？ | メレンゲを泡立てるとき、卵白は冷やしたほうがいいの？

**冷やすことで、
キメの細かいメレンゲに**

卵白は直前まで冷やすことで、あえて泡立ちにくい環境を作りましょう。この状況でハンドミキサーを使って一気に無理やり泡立てると、気泡の粒やキメが細かく整った、ふわふわ感が持続するメレンゲができます。このやわらかなメレンゲは、油分と合わせても気泡が消えにくく、泡立てたバターとも混ざりやすいのが特徴。メレンゲが固いと油分の多いバターとなじみにくくなり、必要以上に混ぜてメレンゲの気泡を潰してしまうので注意しましょう。また、卵白はボウルの底を氷水に当てながら混ぜても◎。

3. バター、和三盆、バニラビーンズを混ぜる

別のボウルにバター、和三盆、バニラビーンズの種を入れ、ゴムべらでボウルの側面に押しつけるようにしてすり混ぜる。

4. 白っぽくなるまで混ぜる

3をハンドミキサー（高速）で大きな円を描くようにして、白っぽくふんわりとするまで2〜3分混ぜる。

5. アーモンドパウダー、卵黄を加えて混ぜる

4にアーモンドパウダー、卵黄を加える。ハンドミキサー（高速）で大きな円を描くようにして、ふんわりとしたクリーム状になるまで2〜3分混ぜる。

? | バニラビーンズを均一に混ぜるコツは？

バターにすり混ぜること

バニラビーンズの種は粘りが強いので、単純にゴムべらでぐるぐる混ぜるだけだと、広がらずに塊のままバターに混ざってしまいます。混ぜるときはバターにバニラビーンズをすり込むようにして、ボウルの側面に押しつけながら混ぜてください。徐々にバニラビーンズの種を広げながら、全体に行き渡らせていきましょう。

? | バターを泡立てる理由は？

生地をふくらませるため

キメが細かく、どっしりとした仕上がりのパウンドケーキ（フレンチ）は、生地をふくらませる作用と乾燥させる作用を併せ持つ、ベーキングパウダーを使用しません。その分、バター（油分）の多い重たい生地を持ち上げてふくらませるためには、バター自体を白っぽくふんわりとするまで攪拌し、空気を含ませることが必要です。ただし、ハンドミキサーはパワーが強いので、長時間攪拌すると摩擦熱が生まれてバターが溶けてしまうことも！せっかく含ませた空気が逃げてしまうので、ツヤが出る前に混ぜるのをやめてください。

6. メレンゲを加えて混ぜる

5に2の1/2量をカードで加える。ゴムべらで全体に広げ、底から上下を返すようにして、まだら状に混ぜ合わせる。

7. 粉類を加えて混ぜる

6にAを加え、底から上下を返すようにして粉けを少し残すようにして混ぜ合わせる。

? | メレンゲの半量を
先に混ぜるのはなぜ？

粉類を混ざりやすくするため

泡立てたバターと卵黄は水分が少ないので、粉類が混ざりにくい状態。無理に混ぜようとすると薄力粉に粘りが出たり、バターに含ませた空気が抜けたりするので、水分の多いメレンゲを半量だけ先に混ぜ合わせておきましょう。クリーム状のバターと卵黄がやわらかくなり、粉類が混ざりやすい状態に整います。また、状態が同じ固さのものは混ざりやすいので、バターと卵黄はメレンゲの固さに近づけて泡立ててください。

? | 材料を混ぜきる前に
次の材料を加えるのはどうして？

ケーキがふんわり仕上がるから

メレンゲや粉類を完全に見えなくなるまで混ぜきるのではなく、少しだけ残した状態で次の材料を加えたほうが、生地はふんわりとした食感に仕上がります。泡立てたバターと卵黄には、メレンゲの半量→粉類→残りのメレンゲの順番で加えていきますが、材料を加えるタイミングは、全て完全に混ざりきる前の状態がベスト！ ひとつひとつ完全に混ぜ終えてから材料を加えると、パウンドケーキがふくらまず、ネチッと固い食感に仕上がってしまいます。

8. 残りのメレンゲを加え、混ぜる

7に残りの2をカードで加えて全体に広げ、底から上下を返すようにしてメレンゲが見えなくなるまで混ぜ合わせる。さらに生地にツヤが出るまで、同様に60〜70回混ぜる。

9. 生地を型に入れる

型を冷凍室から取り出して打ち粉をふり、余分な粉をはたき落とす。8をカードで型に入れ、台に2〜3回落とす。

? メレンゲを混ぜるときのポイントは?

少しずつ混ぜる

水分が多いメレンゲと、油分が多いバターと卵黄は、性質が違うので混ざりにくいです。効率よく混ぜるには、メレンゲを全体に広げて触れ合う表面積を大きくしてから、少しずつ混ぜはじめると◎。広げずに混ぜると、ダメージを受けて気泡が潰れてしまいます。

? 打ち粉は薄力粉ではなく、強力粉を使ったほうがいいの?

強力粉のほうが型からはずれやすい

生地に使用している薄力粉ではなく、使用していない強力粉を打ち粉で用いるのは、粒子が強力粉のほうが粗く、型からスムーズにはずしやすくなるため。生地を入れる前に打ち粉をふったら、余分な粉ははたき落としておきましょう。

? ツヤが出るまで混ぜたら、メレンゲが消えてしまう?

余分な気泡が消え、生地が整うので大丈夫

メレンゲを混ぜきった状態からさらに60〜70回混ぜることで、不規則に混在する大きな気泡や余分な気泡を消し、必要最小限の細かい気泡だけを残していきます。この工程でバラバラに混ざっていた材料がひとつにつながり、口当たりのよい生地に! しっかり混ぜないと、生地がつながらずに分離するので注意が必要。

? 生地をカードで入れるのはなぜ?

きれいな山型にするため

カードを使って生地を型の中央に重ねて落としていくと、ふっくら盛り上がった山型に仕上がります。焼く前に型を台に2〜3回落として生地を四隅までしっかりと行き渡らせたら、表面をならしたりせずにそのまま焼いてください。

10. 170度で計35〜40分焼く

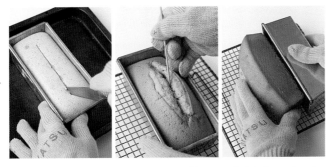

9を170度に予熱したオーブンで10分焼き、一度取り出して包丁で中心に5mm〜1cm深さの切り込みを入れる。オーブンに戻し入れて25〜30分焼き、竹串を刺して何もついてこなければ取り出す。型からはずし、ケーキクーラーに置いて冷ます。

❓ どうして焼いている途中で切り込みを入れるの？

きれいな割れ目を入れるため

パウンドケーキは焼くと表面が自然に割れてしまうので、焼いている途中で先に切り込みを入れると、きれいな割れ目が入ります。パウンドケーキ（フレンチ）は粉類が多く、油分が少なめなので、焼くと表面がすぐに乾いて膜ができるため、切り込みはナイフで浅く入れるのがオススメ。カードで生地を押し込むように入れると、生地が余計にヘコんだり、表面が割れたりすることも。

❓ 冷ますときの注意点は？

焼けたらすぐに型からはずす

焼成後、パウンドケーキを型に入れたままにすると、ケーキと型の間に熱がたまって蒸れるので、すぐに型からはずしてください。蒸れるとパウンドケーキの自重で生地が潰れ、側面がくびれたような状態に。

■ 失敗してしまうと……

[失敗例 ①]　ふくらまない

■原因■ しっかり混ぜなかった

ベーキングパウダーを使用せずに生地をふくらませるには、メレンゲをしっかりと泡立てられているかが重要。うまく泡立てられていないと、生地はふくらみません。また、メレンゲが作れていても、バターや卵の油分としっかり混ぜられていないと、余分な気泡が残ったり、油分がたまったりして、大きな穴や油じみができてしまいます。

（成功）　　　　（失敗）

（成功）　　　　（失敗）

「パウンドケーキ（フレンチ）」をアレンジ

ボリュームたっぷりで、洋酒やフレッシュなフルーツとも相性抜群。至福のおいしさです。

シロップをプラス

洋酒の香りが広がる、大人味
極上のしっとり感を堪能できる

パウンドケーキ（フレンチ）の作り方 **10**（P41）で型からケーキをはずしたら、すぐにウィスキー50g、メープルシロップ30gを混ぜ合わせて刷毛で全体にぬる。粗熱が取れたらオーブン用シートで包み、密閉用保存袋に入れて冷蔵室で3〜4日おく。

POINT

洋酒とメープルシロップは「多いかな?」と思っても、全量をしっかりとぬってください。たくさんしみ込ませることで、香り高く、しっとりと仕上がります。ケーキはオーブン用シートで包んで乾燥を防ぎ、冷蔵室で3〜4日おくと、洋酒とメープルシロップがだんだんなじんできて、より一層おいしくなります。また、室温が20度前後であれば、冷蔵室で冷やさずにそのまま室温で3日ほどおいてもOK。洋酒をしみ込ませたあとは冷蔵で1週間ほど保存ができるので、長く楽しめます。

バナナとポピーシードをプラス

濃密なバナナとポピーシードのプチプチ食感が絶妙!

パウンドケーキ（フレンチ）の下準備（P36）で型にバターをぬらず、オーブン用シートを敷く。作り方 **8**（P40）で60〜70回混ぜる際、40〜50回混ぜたタイミングで、バナナ（フォークで粗く潰したもの）120g、ポピーシード（けしの実）30gを加え、さらに20回ほど混ぜる。作り方 **9**（P40）でパウンド型に打ち粉はふらず、あとは同様に作る。

POINT

バナナは熟したものが、甘みも濃くてやわらかいのでオススメです。熟したものがなければ、バナナを潰した状態で電子レンジ（600W）で1分加熱を。バナナの水分が多いとネチネチとした食感になりますが、このひと手間で余分な酸味や水分が抜け、ケーキ作りに適したやわらかさに。

POINT

ポピーシードのプチプチとした食感とほどよい香ばしさが、バナナとよく合います。ポピーシードはいりごまと食感が似ていますが、香りは控えめなので、洋菓子にも取り入れやすいです。

POINT

使用する粉の量が少ないパウンドケーキは、ドライフルーツやナッツなど、水分の少ない具材しか加えられませんが、パウンドケーキ（フレンチ）は粉の量が多いので、水分の多い生のフルーツを足すことができるのも魅力! フルーツは分量が100g前後であれば、パイナップル、りんご、桃などを1cm角に切り、バナナと同じタイミングで入れてください。ただし、生のフルーツなどの固形物は、焼くと型に張りつきやすいので、必ず型紙を敷きましょう。

パウンドケーキ

(アメリカン)

粉けを残して焼くことで
水分、油分、副素材を
たっぷり入れてもふんわり仕上がる

　フランス菓子を勉強しながらイギリスやアメリカを訪れた際、各地で出会ったお菓子に、僕はカルチャーショックを受けました。それまで親しんできた製法や考え方とは異なり、作り方が合理的ですっきりとしていて、とても独特なのです。勉強してきたフランス菓子の世界にはない発想ばかりで、手間をかけた分だけお菓子はおいしくなると信じて疑わなかった頭をガーン！　と殴られたような衝撃でした。

　ワンボウルに材料をどんどん入れて、ぐるぐると混ぜて作っていく製法は、お菓子がとても簡単に作れるので、日本でもよく見かける作り方です。ただ、アメリカで触れた作り方では、材料を最後まで混ぜきらずに焼きはじめるので、とても驚きました。今まで、材料をよく混ぜてつなげることで生地は仕上がる！　と、自分に言い聞かせてきたので、最初はこの作り方にとても抵抗を感じましたが、実際に作ってみると、材料を混ぜきってから焼くとネチネチと重い生地になるのに対し、混ぜきらずに粉けが残る状態で焼くと、粉っぽさもない、ふんわりとした生地に仕上がったのです。そしてこの製法は、副素材を何も加えないプレーンな生地には合いませんが、水分と油分はもちろん、にんじんやナッツなどの副素材が多いキャロットケーキには最適！　みんなが大好きな副素材をたっぷりと入れたパウンドケーキの基本として、より現地の味に近い、パンチを効かせたキャロットケーキをお届けします。

パウンドケーキ （ アメリカン ）

焼き時間　180度 ／ 30〜33分

材料（ 約18×9×高さ6cmのパウンド型1個分 ）

卵 ── 1個
卵黄 ── 1個分
A｜ バター（食塩不使用）── 30g
　｜ パンプキンシードオイル
　｜　（または米油かサラダ油）── 30g
B｜ ブラウンシュガー（またはきび砂糖）── 60g
　｜ はちみつ ── 10g
　｜ 塩 ── ひとつまみ

C｜ 薄力粉 ── 100g
　｜ シナモンパウダー ── 1g
　｜ ナツメグパウダー ── 0.5g
　｜ 重曹 ── 4g
にんじんのすりおろし ── 100g（約1本分）
にんじんの皮 ── 1本分
くるみ（ローストタイプ）── 40g
レーズン ── 40g

下準備

◎ 型にオーブン用シートを敷く。
◎ Cは合わせてふるう。
◎ にんじんの皮は1cm幅に切る。

1. バター、オイルを加熱する

小鍋にAを入れて弱火で熱し、ゴムべらで混ぜながらバターを溶かす。

?　｜ 型紙はどうやって敷くの？

**型のサイズに合わせ、
オーブン用シートで作って敷く**

見栄えのよいパウンドケーキを作るため、型紙をきれいに敷くことにも意識を向けましょう。下記の敷き方を参考に、ぜひ実践してください。

型紙の敷き方
①パウンド型の底面と側面のサイズに合わせてオーブン用シートを切り、型を中央に置く。②オーブン用シートを型の底面や側面の角に押しつけるようにして、型に沿った折り目をつける。③折り目に合わせて折りたたんでから広げ、写真の点線部分（4か所）に切り込みを入れる。型に合わせ、折りたたむようにして入れる。

?　｜ にんじんは皮も使うの？

最も香りが強いので活用する

にんじんは皮に近いほうが香りが強いので、むいた皮も捨てずに使いましょう。スーパーなどで売っているにんじんは、出荷される際に本来の皮は薄く削られてしまっているので、ケーキに使うなら泥付きで売られているものがベストです。また、にんじんは黒く変色しやすいので、使う直前にすりおろしたり、切ったりしましょう。

「パウンドケーキ（アメリカン）」の動画レッスンはこちら ▶ https://youtu.be/d2fTO9cGdbg

パウンド型
約18×9×高さ6cmのもの。

（完成）　　　（断面）

---

2. 卵を溶きほぐし、糖類を加えて混ぜる

ボウルに卵、卵黄を入れて泡立て器で溶きほぐし、Bを加えて混ぜる。

3. 溶かしたバターとオイルを加え、混ぜる

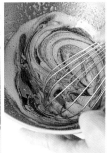

2に1を加え、よく混ぜて乳化（一体化）させる。

？ パンプキンシードオイルはどんなオイル？

**甘く香ばしいオイルで
にんじんの臭みを消す効果も**

かぼちゃの種子から作られたオイルは、ナッツのような香ばしいうま味や甘みを感じられます。味わいに存在感があるので、たっぷり入れたにんじんの土臭さを抑えてくれる働きも！にんじんの風味を強く出したいときには、クセのない米油やサラダ油を使用してもOKです。

？ 油分を加熱するのはなぜ？

卵と混ざりやすくするため

加熱してバターを溶かすと、サラサラとしたなめらかな状態になり、卵とスーッとなじんで混ざりやすくなります。

？ 卵と油分を混ぜるときのポイントは？

しっかり混ぜて乳化させる

卵（水分）と油分は混ざりにくいので、ここでよく混ぜて乳化（一体化）させることが大事！　乳化できていないと、粉類を加えたときに卵と直接触れてしまい、ダマができて食感が悪くなります。

4. にんじんを加えて混ぜる

3ににんじんの皮、にんじんを加え、混ぜ合わせる。

5. 粉類、具材の順に加えて混ぜる

4にCを加え、ゴムべらで底から上下を返すようにして10〜15回混ぜる。くるみ、レーズンを加え、同様に2〜3回混ぜ合わせる。

？ | 重曹の役割は？

風味を足し、生地をゆっくりふくらませる

ベーキングパウダーが一気に生地を縦に持ち上げるのに対し、重曹はゆっくりと横にふくらませます。にんじんなどの生の具材を加えたケーキには、ふくらむスピードが遅く、具材の水分を飛ばしながらじっくりと焼くことができる重曹が最適。重曹を加えるとケーキにほんのり素朴な風味をプラスできるほか、しっとりとした食感に仕上がります。

？ | レーズンとくるみを加えるのはなぜ？

食感と風味がよくなる

レーズンを加えることで余分な水分を吸収すると、生地に粘けが出ません。さらにレーズンの甘酸っぱさやくるみの食感を足すことで、にんじんの土臭さを緩和させて食べやすくする効果も。

？ | 混ぜ方のコツは？

粉けを残し、混ぜきらない

水分と油分が多いケーキは粉類を混ぜきってしまうと、生地が固くなり、ねちっとした重たい食感になってしまいます。粉けがまだまだ残っている状態で手を止め、そのまま焼くことでふんわりとした食感に仕上げましょう。

失敗してしまうと……

[失敗例 ①] **ふくらまない**

原因 **水分と油分を乳化させなかった**

卵（水分）と油分がよく混ざらないうちに粉類を加えると、生地が一度ふくらんでも、小さくしぼんでしまいます。粉類と水分が直接触れることで必要以上に水分を吸い、ベチャッとした水っぽい食感に。

（成功）（失敗）

（成功）（失敗）

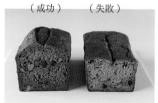

6. 生地を型に入れる

型に5を流し入れ、台に2〜3回落とす。

7. 180度で計30〜33分焼く

6を180度に予熱したオーブンで10分焼き、一度取り出して包丁で中心に5mm〜1cm深さの切り込みを入れる。オーブンに戻し入れて20〜23分焼き、竹串を刺して何もついてこなければ取り出す。型からはずし、ケーキクーラーに置いて冷ます。

「パウンドケーキ (アメリカン)」をアレンジ

しっとりしたケーキに
チーズフロスティングをのせれば、
さらにリッチな味わいになります。

フロスティングをプラス

さわやかな酸味が
ケーキのうま味を底上げ

パウンドケーキ (アメリカン) の作り方7 (上記) でケーキが冷めたら、ボウルにクリームチーズ (室温にもどしたもの) 100g、粉砂糖 (またはグラニュー糖) 20g、レモン汁小さじ2を入れてゴムべらで混ぜ、フロスティングを作る。パウンドケーキの上面にぬり広げ、冷蔵室に入れて30分ほど冷やす。

ロールケーキ生地

「共立て」製法で作る、
しっとり生地を主役にした
しなやかなロールケーキ

　ロールケーキ生地は焼いて終わり！ ではないので、最終的にクリームを巻き込むだけのしなやかさを持ち合わせていないと、生地が曲げられずに割れてしまい、ロールケーキとして成り立たなくなってしまいます。

　ロールケーキ生地は大きく分けて、卵黄と卵白を分けずに一緒に泡立てる製法の「共立て」と、卵黄と卵白に分けて別々に泡立てる製法の「別立て」という作り方があります。機能の面で比べると「共立て」はしっとりと仕上げることができる反面、生地の外側と内側で火の入るスピードが違うため、薄すぎると固くなり、厚すぎると生焼けになることがあるので、適度の厚みをキープして焼く必要があります。「別立て」は短時間で焼き上げられるので、生地をかなり薄く作ることができる反面、厚く焼くと生地を巻くときに割れてしまうことも。

　また、味の面で比べると、「共立て」だと生地をおいしく食べるためにクリームが存在し、「別立て」だとクリームをおいしく食べるために生地が存在するため、ロールケーキの生地を主役にするか、脇役にするかという違いが出てきます。どちらもそれぞれの利点がありますが、今回は生地を主役にロールケーキを味わってほしいので、「共立て」で作るレシピをお教えします。

ロールケーキ

粉は少なく、糖類は多め。
このバランスで
クリームと合う生地になる

　今まで多くのロールケーキ生地について学んできましたが、よく食べるようになったのは、かなり大人になってからでした。実際にいろいろなロールケーキを食べ歩いてどれもおいしいと感じましたが、自分で作るときはついついしっとりふわふわ生地ができる「共立て」製法で、ロールケーキを作ってしまいます。それは子供のころ、カステラ工場の近くに住んでいたことがあり、いつもおやつに切れ端を食べていたからかもしれません。記憶の端にある大好きな卵風味のふわふわ生地を、無意識のうちに選んでしまうのです。

　スポンジケーキの仲間であるロールケーキ生地ですが、ほかの生地との違いは、粉の量を最小限にして糖類を多く配合することで、しっとり感を保持したまま焼けることです。粉の使用量を少なくするのは、生地を高くふくらませる必要性がないことと、クリームを巻くときに固さを出したくないからです。そして、糖類を多く配合するのは、甘く仕上げるのが目的ではなく、糖類の保水性を利用するため。オーブンの熱によって薄い生地から水分が奪われないようにします。もちろん配合のバランスは、作り手が好きなように変えてよいので、同じように作らないとダメ……ということはありません。でも僕はこの「共立て」で作る、生地を食べるためにクリームの量は少しだけ！ というバランスが最高だと思っています。ショートケーキのスポンジ生地にはない弾力とやわらかさは、ロールケーキでしか味わえない独特なおいしさです。

ロールケーキ

材料 (約25㎝長さのもの1本分)

【 生地 】卵 —— 3個

A | グラニュー糖 —— 50g
　 | 上白糖 —— 35g

　 薄力粉 —— 50g

B | バター —— 10g
　 | 牛乳 —— 25g

【 クリーム 】生クリーム (乳脂肪分40%以上) —— 180g
　　　　　　ホワイトチョコレート (製菓用) —— 30g

- 【 生地を作る 】- - - - - - - - - - - - - - -

下準備

◎ ロールケーキ天板に厚紙、オーブン用シートの順で敷く。

◎ 薄力粉はふるう。

◎ 鍋に湯を沸かして火を止め、湯煎の準備をする。

◎ 小鍋にBを入れ弱火で熱し、バターを溶かす。

1. 溶き卵に糖類を加え、温めながら混ぜる

ボウルに卵を割り入れ、ハンドミキサー (低速) で溶きほぐす。Aを加えて同様に軽く混ぜてなじませ、温度計を入れて湯煎 (70〜80度) にかけながら、40〜45度に温まるまで同様に混ぜる。

？ | 天板に厚紙を敷く理由は？

火の当たりを和らげるため

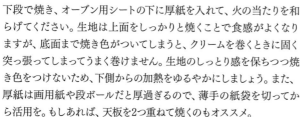

（ 成功 ）　（ 失敗 ）

ロールケーキ生地は火が早く入ってしまうので、オーブンの下段で焼き、オーブン用シートの下に厚紙を入れて、火の当たりを和らげてください。生地は上面をしっかりと焼くことで食感がよくなりますが、底面まで焼き色がついてしまうと、クリームを巻くときに固く突っ張ってしまってうまく巻けません。生地のしっとり感を保ちつつ焼き色をつけないため、下側からの加熱をゆるやかにしましょう。また、厚紙は画用紙や段ボールだと厚過ぎるので、薄手の紙袋を切ってから活用を。もしあれば、天板を2つ重ねて焼くのもオススメ。

？ | 卵を溶きほぐしてから糖類を加えるのはなぜ？

糖類がダマになるのを防ぐため

糖類には水分を保持して逃がさない性質があるため、卵黄に直接触れると水分と油分を一気に吸ってダマになります。糖類はダマになると溶けにくくなるため、湯煎にかけても溶かすことができず、生地に斑点として残ってしまうことも。糖類を加えるときは、必ず卵黄と卵白をよく溶きほぐしてから加えてください。

「ロールケーキ」の
動画レッスンはこちら ▶

【生地】https://youtu.be/ZiKsbCzoXjc
【クリーム・仕上げ】https://youtu.be/jqHbWDDFdbI

ロールケーキ天板
約28×28×高さ2cmのもの。

（完成）　　　　　　（生地上面）　　　　　　（生地断面）

---

2. リボン状になるまで混ぜる

1を湯煎からはずし、ハンドミキサー（高速）で大きな円を描くようにして、リボン状（すくい上げると重なるように流れ落ちるくらい）になるまで3〜4分混ぜる。

3. ツヤが出るまで混ぜる

さらにハンドミキサー（低速）で同様に1分ほどゆっくりと混ぜ、生地のキメを整えてツヤを出し、持ち上げると8の字が描けるまで混ぜる。

？ どうして卵液を温めるの？

泡立ちやすくするため

卵は室温よりも高い温度に温めると、表面張力が弱まって空気をたくさん抱き込める状態へと変化します。ただし、湯煎からはずして3〜5分経つと温度が下がるため、短時間で泡立てましょう。また、卵液は45度以上に温めると大きくて弱い気泡が多くなり、不安定で潰れやすい状態になるので注意。

？ 卵をリボン状に泡立てる理由は？

粉と混ざりやすくするため

卵の水分は粘りけが強いので、混ぜて空気を含ませないと、次の工程で加える粉類と混ざりにくくなります。粉類を余計に混ぜてしまうと生地が固くなったり、コシが出たりして食感が悪くなるので、卵を混ぜてしっかりと泡立てておき、粉類がなじみやすい状態にしましょう。

？ ツヤが出るまで混ぜるのはなぜ？

気泡の大きさをそろえるため

温めた卵液を急速に混ぜると、大小の気泡が不規則に混在した状態になります。ここからさらに1分ほど混ぜることで大きな気泡を消し、小さな気泡だけに整えてください。気泡の大きさが均一にそろうと、粉類や油分を加えても気泡が消えにくくなり、なめらかで口当たりのよい生地になります。

4. 薄力粉を加え、混ぜる

3に薄力粉を加え、木べらで底から上下を返すようにして粉けがなくなるまで混ぜる。

5. 溶かしたバター、牛乳を加え、混ぜる

Bの入った小鍋を再度弱火で熱し、煮立ったら木べらに当てながら**4**に加える。底から上下を返すようにしてなじむまで混ぜ、さらにツヤが出るまで同様に40〜50回混ぜる。

? | どうして木べらで混ぜるの？

泡を潰さないため

ゴムべらを使うと、混ぜるときにボウルの側面にへらの先が突っかかり、せっかく泡立てた卵の泡が、粉類と混ざる前に潰れてしまいます。先端がカーブを描き、ボウルへの当たりもやさしい"木べら"や"しゃもじ"を使うことで、泡を極力潰さずに粉と混ぜることができます。また、粉を加える際は、表面全体にふり入れるとダマになりにくいです。

? | バターと牛乳を温めるのはなぜ？

生地に混ざりやすくするため

油分や水分などの液体を生地と合わせるときは、冷たい状態ではなく、熱々に温めたものを加えてください。液体は冷たいと素早く全体に広がらず、ボウルの底にたまってしまって混ざりにくくなります。

? | 温めたバター液は、木べらに当てながら加えないとダメ？

直接加えるとダメージが大き過ぎる

溶かしたバター液を加える際、生地が受けるショックをなるべく和らげるため、一度木べらに当ててワンクッションおいてから加えてください。さらに、バター液は1か所に注ぎ入れるのではなく、全体に散らすようにして加えることで、生地のダメージを最小限に抑えましょう。

? | 混ぜ過ぎると気泡が潰れない？

たくさん泡立てているので、潰れても大丈夫

粉類や液体を加えるときに気泡は潰れるので、その分を考慮したうえで卵は最大限まで泡立てています。卵の気泡量には粉類や液体を混ぜ込むだけの充分なゆとりがあるので、気泡が潰れても問題ありません。ただし、ここまでの過程で泡立てが足りずに気泡量が少ないと、粉類と液体を加えたあとにあまり多く混ぜられないので、クリームを巻くときに生地が割れやすくなってしまいます。この工程でツヤが出るまでよく混ぜることで、水分、粉類、油分がしっかりとつながり、しなやかで弾力のある理想の生地へと導きます。

6. 型に流し入れる

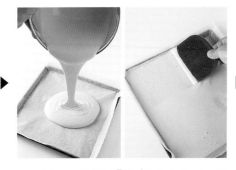

ロールケーキ天板に**5**を流し入れる。カードで一定方向にならして生地の高さをそろえ、台に1回落とす。

7. 180度で8〜10分焼く

オーブンの天板を逆さにして入れ、180度に予熱したオーブンに、**6**を入れて8〜10分焼く。取り出して台に1回落とし、オーブン用シートごとロールケーキ天板からはずし、ケーキクーラーに置いて冷ます。

❓ 生地を天板に流し入れるときのポイントは?

高い位置から流し入れる

生地は30cmほどの高さから流し入れると、残っていた大きな気泡や不安定な気泡を消せます。また、ボウルやカードに残った生地は触っていた時間が長く、ダメージを受け続けているので、天板の端に細い線を描くようにして入れてください。ダメージを受けた生地を1か所に集中させると、その部分だけが色濃く焼けるので、細く入れて紛れさせましょう。

❓ オーブンの天板を逆さにして入れるのはなぜ?

火の当たりを均一にするため

ロールケーキ天板は大きいので、そのままオーブンの天板にのせるとサイズがおさまりません。天板の縁の上にのせることになるとロールケーキ天板の下側が空洞になってしまい、主に接地している4つの角部分からしか熱が入らないので、なかなか中心まで火が通りません。火を均一に入れるためにオーブンの天板を逆さにし、ロールケーキ天板の底面が全て接地するようにしてください。

❓ 生地をならすときの注意点は?

天板の高さを確認しながら、一定方向にならす

上下左右を行ったり来たりさせてならすと、生地にダメージを与えて焼きムラができます。表面を平らにすることよりも生地の厚みをそろえることが大事なので、カードでならしながら生地が天板のどのくらいの高さまで入っているかを確認しましょう。生地の厚みを均一にできると、オーブン用シート越しに天板の縁だけが見えるので、縁の見え方を四辺そろえるようにして生地をならしてください。

❓ 焼き上がりの目安は?

生地の端にシワが寄ればOK

生地にシワが寄らず、パンッと張ってふくらんでいるときは、まだ火が通っていない状態。最高潮にふくらんだあと、少し縮んでシワが寄ったときが、焼き上がりのベストタイミングです。
焼き色をしっかりとつけることで水分がちょうどよく抜け、よい香りがする、ふんわりとした生地に仕上がります。

12. 生地にクリームをぬる

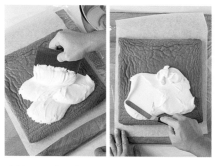

生地を90度回転させ、切り込みを入れたほうを手前にする。カードで**9**をのせ、パレットナイフで手前側を厚めに、奥側を薄めにぬり広げる。

13. 生地を巻く

生地の下に敷いたオーブン用シートの手前側を持ち上げ、生地を6〜7cm折り曲げてから一気に最後まで巻く。

? クリームのぬり方を手前と奥で変えるのはなぜ？

巻くとクリームが奥に押し出されるため

生地を手前から巻くと、クリームを自動的に奥側へと押し出してしまうので、その分、手前を盛り上がるくらい厚く、奥はごく薄くぬっておきましょう。均一の厚さにぬり広げてしまうと、巻き終わったときにクリームが生地の外へと押し出され、はみ出てしまいます。

奥側　　　　　手前側

? パレットナイフでぬらないとダメ？

オススメはパレットナイフ

パレットナイフはナイフ部分がやわらかくなるので、クリームを均一にのばしやすいです。ゴムべらやカードでも代用はできますが、形状が硬く、パレットナイフのようにしならないので、少しぬりにくいことも。また、クリームはぬるときに何度もさわると分離しやすくなるので、あまりベタベタとさわらないようにしましょう。パレットナイフのサイズは大きくても、小さくてもよいので、手になじむものを選んでください。

? どうしたら上手に巻ける？

芯を作ってから、一気に巻く

まずは生地の切り込みを入れた部分をオーブン用シートごと持ち上げ、少し折り曲げてロールケーキの芯を作りましょう。芯を作るまではゆっくり作業していても問題ないですが、そのあとは躊躇せずに一気に巻いてください。ひと息で巻かないときれいに仕上がらないので、迷いは禁物です。

14. ロールケーキを冷やす

オーブン用シートで包んだまま、ロールケーキを前後180度回転させ、手前に長さ30cmの定規を置く。オーブン用シートを押さえ、定規を水平にギュッと押して差し込み、形を整える。オーブン用シートで巻き直し、台に広げていたラップで包む。生地の巻き終わりを下にし、あればトヨ型に入れて冷蔵室で2〜3時間冷やす。

? 定規を押し当てるのはなぜ？

すき間を埋めるため

巻いただけだと、まだ生地とクリームの間にすき間があいた状態です。オーブン用シートを巻いた生地の下部分に定規を当て、水平にギュッと押して差し込むことで、生地の巻き具合がさらに引き締まって余分な空気や空間がなくなります。定規を使うのは均一に力が当てられるからで、菜箸でも代用できます。

? トヨ型ってなに？

生菓子などを作る半月状の型

トヨ型は、ロールケーキ専用の型ではありません。本来はムースなどを冷やし固めるときに使われるもので、約30×8×高さ6cmのものを使用しています。ロールケーキはトヨ型に入れずにそのまま冷やすと、自重で生地が潰れたまま冷え固まり、少し楕円形になってしまいます。味の面では潰れても問題ないのですが、せっかく作ったロールケーキをきれいな形のままキープしたいのであれば、トヨ型を使うことをオススメします。

トヨ型を
使用しないと、
少し潰れた形に。

失敗してしまうと……

[失敗例 ①] **均等にふくらまない**

原因 **厚みをそろえてならさなかった**

カードで生地をならす際、平らにすることだけを意識すると、厚みに偏りが出ます。必ず天板のどこまで生地が入っているのかを確認しながら、厚みをそろえてください。

[失敗例 ②] **油じみができ、ふくらまない**

原因 **混ぜ足りなかった**

卵を泡立てるときと、バター液を加えて混ぜるときに、しっかりと混ぜられていないと、油分が浮いて固まり、生地もふくらみません。

[失敗例 ③] **生地のキメが整っていない**

原因 **ツヤが出るまで混ぜなかった**

バター液を加えたあと、ツヤが出るまで混ぜないと、焼成中に混ざりきらなかった油分と水分が生地内の必要な気泡を潰してしまい、凹凸のある粗い生地になってしまいます。

[失敗例 ④] **"の"の字に巻けない**

原因 **芯が作れていなかった**

巻きはじめに芯が作れていないと、生地が奥にパタンと倒れるだけになり、きれいな"の"の字に巻けません。また、冷やすときは、必ず巻き終わりを真下にすること！ 上にすると生地がはがれ、形が崩れてしまいます。

「ロールケーキ」をアレンジ

クリームの味をかえたり、ジューシーなフルーツを巻き込んだりすれば、ロールケーキの魅力がさらに増します。ぜひ、お試しください。

抹茶と小豆をプラス

小豆の食感がアクセント！
鮮やかな抹茶で香りよく、
まろやかな味に

小さめのボウルに抹茶（粉末）小さじ2、湯大さじ1を入れて溶き混ぜ、抹茶液を作る。ロールケーキの作り方 **8**（P58）でチョコレートと加熱した生クリームを混ぜたあとに、抹茶液を加えて混ぜ合わせる。作り方 **12**（P60）で抹茶クリームをぬり広げて小豆（甘納豆）50gを散らし、あとは同様に作る。

POINT

抹茶は湯で溶いてから加えると、生クリームと混ざりやすくなります。生クリームが冷めると抹茶がまだらに混ざるので、必ず熱いうちに加えて作業を！

POINT

小豆は缶詰や煮たものだと水分が多く、クリーム全体にちらすことができないので、ロールケーキには不向き。甘納豆に加工されているものは水分が少なく、クリームの質感を損ねないのでオススメです。全体にバランスよくちらせて、見栄えよく仕上げましょう。

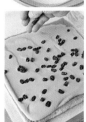

フルーツをプラス

定番のバナナ、いちご、
キウイで、老若男女から
愛されるケーキに

バナナ、いちご、キウイ各正味50gは1cm角に切り、ボウルに入れてレモン汁、ホワイトラム各5gを加え、さっと和える。ロールケーキの作り方 **12**（P60）でクリームをぬり広げたら、手前から10cmと20cmの位置にフルーツを平行に横一直線で並べる。スプーンの背でフルーツを軽く押し、あとは同様に作る。

POINT

フルーツは横一直線に整列させることで、どこを切っても必ず断面にフルーツが出てきます。適当にちらしてしまうと偏りが生まれ、切る場所によっては断面にフルーツが出てこないことも。そして、手前から10cmの位置に1列目を並べることで、立ち上げたロールケーキの芯で無理なく包むことができ、20cmの位置に2列目を並べることで、生地からはみ出  ることなく巻き込めます。フルーツを全体にちらすと生地が巻きにくくなるほか、10cmよりも手前に並べるとうまく芯を作ることができないので注意。また、固形物とクリームの間にはすき間ができやすいので、定規を当てて形を整える際は、きつめに締め上げてください。

シュー生地

失敗しやすく、作るのが大変なお菓子こそ、完成したときの喜びは計り知れない

　お菓子のレッスンをしていて、生徒さんから最も「やりたい！」と、リクエストされるのがシュー生地です。多分、僕も何も知らなかったら、自ら手を挙げて先生にレッスンをお願いしていると思います。なぜならシュー生地は、作るときの"湿度"と"生地温度"によって状態が刻々と変わるため、自分が作ったものの良し悪しが判別しにくいのです。ほかのお菓子では、本に載っている完成写真やプロセス写真を目安に作業を進められますが、シュー生地の場合は自分と同じ環境で作ったものか分からないと、参考にすることができません。僕も製菓学校で教えてもらわず、一人で行う実習試験もなかったら、正解がよく分からないままだったと思います。だからこそ、本書でシュー生地を紹介するのは、かなりの挑戦でした。

　本書を制作するにあたり、まずシュー生地の分かりづらい工程を洗い出し、その工程が生地作りにとって本当に必要なのかを熟考しました。そして本書を読んだみなさんが、僕と同じように実践できるよう、"生地の状態を見ながら少しずつ調整する"といった工程は省き、端的に作れる工程だけにまとめています。あえて伝統的な作り方は踏襲していませんが、今までシュー生地に悩まされた経験がある人にこそ、試してみてほしいです。ちょっと面倒なお菓子だからこそ、作れたらうれしいし、何よりもお菓子作りが楽しくなって自信にもつながるはずです。

シュークリーム

今までの常識をチェンジ。
卵液を加えて一気に混ぜれば、
ふっくら香ばしいシュー生地に

　シュー生地で最も多い失敗は、ふくらまないこと。しかもその原因はひとつではなく、"生地を冷まさない""適量の卵液を手早く混ぜ込む""温度と湿度により、卵液の量を調整する"といった工程を踏みはずすことなくクリアしなければ、うまく作れません。
　今までの製菓ルールでは、シュー生地の作り方に"卵液の量を調整しながら数回に分けて加え、へらで手早く混ぜてそのつど生地の状態を確認する"とありました。これはレシピとしては正しいのですが、実際に作ってみると卵の量や生地の状態など、複数の判断を瞬時に行わないといけないので、失敗せずに作業をするにはプロ並みの鍛錬が必要です。さらに、家庭で一度に作れる量は少ないので、急いで作ったとしても、卵液を少しずつ加えて様子を見ている間に生地が冷めてしまいます……。そこで僕は、生地に絶対必要な卵の量を割り出し、"少しずつ加えてへらで混ぜるレシピ"から"一度に加えて泡立て器で混ぜるレシピ"へと変更しました。ムダな動作を省いて迷いをなくし、複数のワイヤーがついた泡立て器でよりスピーディにベストな状態まで導くことで、生地の温度が下がる前に焼く準備が整えられ、ムクムクとふくらんだ、ツヤやかなシュー生地が仕上がるのです。

シュークリーム

材料（8個分）

【シュー生地】

A | 水 —— 50g
　| 牛乳 —— 35g
　| 塩 —— ひとつまみ
　| バター（食塩不使用）—— 50g

薄力粉 —— 50g
卵 —— 2個（100〜110g）

【クリーム】

卵黄 —— 3個分（57〜60g）
グラニュー糖 —— 75g
バニラビーンズ —— 1/2本

B | 薄力粉 —— 25g
　| コーンスターチ —— 10g

牛乳 —— 250g
バター（食塩不使用）—— 10g

C | 生クリーム（乳脂肪分40%以上）—— 150g
　| グラニュー糖 —— 5g

下準備

◎ シュー生地のバターは3〜4等分に切り、室温にもどす。

◎ オーブン用シートを天板のサイズに合わせて広げる。直径約5cmのセルクル型（またはグラス）を置き、丸印を2〜3cm間隔をあけながら8個描く。

◎ シュー生地の薄力粉はふるう。

◎ 卵をフォークで溶きほぐす。温度計を入れて湯煎（70〜80度）にかけながら、40度に温まるまで混ぜる。湯煎からはずし、小さじ2を取り分ける。

? | 水、牛乳、塩の役割は？

生地の食感、ふくらみを左右する

シュー生地は水だけで作ると生地が薄く仕上がって軽い食感になり、牛乳を加えると生地に厚みが出て固く仕上がります。水50g、牛乳35gの割合で加えているのは、シュー生地の表面だけに固さと香ばしさを出し、中はカスタードクリームとなじむやわらかさに仕上げるため。本書で紹介しているシュー生地の場合、85gという水分量さえ守ってもらえれば、水と牛乳の分量は好みによって調整してもOK。塩にはシュー生地をふくらませる作用があり、量が少なくても、多すぎても生地はふくらまないので、分量を守ってください。

? | 卵を温めるのはなぜ？

生地に混ぜ込みやすくするため

冷蔵室から出した直後の卵を加えると、生地が冷えて混ぜにくくなります。下準備で温めた温度をキープしたまま生地と混ぜられるよう、計量や道具の準備は卵を温める前に済ませておくと◎。また、溶き卵を少量取り分けるのは、生地の水分量を調整するため！ 気温や湿度によって生地の固さが変わるので、調整できるように残しておきましょう。

「シュークリーム」の
動画レッスンはこちら ▶ 【 生地 】 https://youtu.be/tbOUS3nOVNI
【 カスタード 】 https://youtu.be/N-FKmNI2pXM
【 仕上げ 】 https://youtu.be/6bTQVCYcDW4

（ 完成 ）　　　　（ 生地表面 ）　　　　（ 生地断面 ）

【 シュー生地を作る 】 --

1. バターを溶かし、薄力粉を加える

鍋にAを入れて弱火で熱し、鍋を揺すりながら、バターを完全に溶かす。中火にして煮立たせ、火を止めて薄力粉を加える。

2. 生地を練り混ぜる

1をゴムべらで粉けがなくなるまで混ぜ、まとまったら再度中火で熱する。生地を鍋底に押さえつけるようにして練り混ぜ、生地が鍋肌に張りついてきたら、さらになめらかになるまで1分ほど練り混ぜる。

? | バターと水分を加熱するときの注意点は？

? | どうして生地を練り混ぜるの？

必ずバターを先に溶かす

バターと水分は弱火で加熱してください。火が強いとバターが完全に溶ける前に水分が煮立ってしまい、水分量が変わってしまいます。バターは溶けやすい状態にするため、3〜4等分に切ってから室温にもどしておきましょう。

シュー生地をふくらませるため

シュー生地で最も多い失敗は、ふくらまないこと。これは生地を充分に練り混ぜなかったときに起こるので、油分と水分に薄力粉を足したら、しっかりと練り混ぜてください。薄力粉は87度以上でじっくり加熱しながら練り混ぜることで、粘りけのある"のり"のような状態になり、これがシュー生地を風船のようにふくらます原動力になるのです。また、生地を練る前段階で、油分と水分を充分に加熱しておくことも大事！ 薄力粉を加えると温度が下がってしまうので、しっかりと煮立たせておかないと薄力粉が"のり"のような状態にならず、練っている途中で焦げてしまうことがあります。

3. 溶き卵を加え、混ぜる

生地をすぐにボウルに取り出して溶き卵を加え、泡立て器で一気になじむまで混ぜる。

4. ゴムべらで混ぜ、生地の状態をチェックする

3をゴムべらでさっと混ぜる。生地を持ち上げるとゆっくり落ち、ゴムべらに残った生地が二等辺三角形に薄くのびるか確認する。生地が固い場合は、取り分けておいた溶き卵小さじ2を加えて混ぜる。

? 鍋に残った生地はこそげ取ったほうがいいの?

こそげ取ってはダメ

鍋底や側面に張りついてしまった生地は、スムーズに取り出せた生地とは質感が大きく異なるので、無理に加えないでください。もしこそげ取ってしまうと、なめらかな生地の中に乾燥した粉っぽい生地がちりばめられることになり、シュー生地表面のツヤが失われてしまいます。

? 卵液は一気に加えて大丈夫?

数回に分けると
生地の温度が下がり、失敗の原因に

シュー生地の温度は、焼くときに35〜45度をキープできていると、キメが整った状態できれいにふくらみますが、35度以下だとふくらみません。温度をキープして焼くためには、ひとつひとつの工程を手早く終えていかないとダメなので、卵液を一気に加えて力いっぱい混ぜてください。数回に分けていると、卵を加えて混ぜるたびに温度が下がり、焼くときにベストな温度を保てません。

? 持ち上げるとゆっくりと落ち、二等辺三角形になる生地とは?

水分量がちょうどよい生地

シュー生地を失敗せずに作れていると判断できる基準に、"生地を持ち上げるとゆっくり3秒ほどで落ち、へらに残った生地が二等辺三角形に薄くのびる"という目安があります。生地を持ち上げて最初からきれいな二等辺三角形になる場合は、取り分けておいた溶き卵を加えなくてよいですが、生地を持ち上げてボテッと落ちる場合は、取り分けておいた溶き卵を加えて固さを調整しましょう。そして、生地の落下スピードが速く、へらに残った生地が帯状に長くのびてしまった場合は、水分が多い証拠。この状態からリカバーすることはできないので、もうそのまま焼くしかありません。また、生地が35度以下に冷めてしまうと、水分量が多くても固くなり、きれいな二等辺三角形になってしまうことがあります。このまま焼いても生地はふくらまないので、ボウルの底を手でさわって必ず温度も確認してください。体温と同じか、高めだと感じたときは、ベストな温度である35〜45度をキープできていますが、低いと感じたときは、湯煎にかけて温めましょう。

NG

5. 生地を絞り出す

丸口金をつけた絞り出し袋に**4**を入れる。準備したオーブン用シートを天板に裏返して敷き、生地を丸印に合わせて均等に絞り出す。

6. 生地の形を整える

生地に霧吹きで水をたっぷり吹きつける。生地を絞り出したときに突き出た部分を、フォークの背で軽く押さえてならす。

？ 絞り出し袋はビニール製でもいい？

破れる可能性があるのでNG

生地に固さがあるので、手でぐっと握って圧力をかけないと絞り出せません。使い捨てのビニール製のものだと、圧力をかけると破れたり、口金と絞り出し袋の接合部分から生地が出てしまうことがあるので、丈夫なナイロン製のものを使いましょう。使い捨てでも、厚手のものや口金と一体化しているものはOK。

？ 霧吹きで水をかけるのはなぜ？

乾燥を防ぐため

焼く前のシュー生地は、温度が35〜45度と高いので、表面がとても乾燥しやすいです。すぐにオーブンに入れて焼くことが大前提ですが、その前に霧吹きで水滴がオーブン用シートにたまるくらいたっぷりと水を吹きつけてください。この水がオーブン庫内で蒸発して湿度が高まることで、生地の表面だけが先に焼き固まるのを防ぎ、ふくらみやすくなります。

？ 生地を絞るときのポイントは？

ひとつずつ一気に絞り出す

オーブン用シートに描いた丸印の中に、生地をひと息に絞り出すことで、余計な空気が入りません。ここで少量ずつ何回かに分けて絞り出すと、形が悪くなったり、穴があいたりするので注意。もし、一度で絞り出せなかったときは、ぬらした指で段差や気泡などをならして一体化させましょう。また、絞り出すときは口金の位置は動かさず、天板から2cmほど離れたところで固定を。

？ 焼く前に生地の形を整えたほうがいいの？

整えるときれいに焼ける

生地の突き出た部分やハネをフォークで整えておくと、均一に火が入ります。フォークを当てるときは押し込むのではなく、やさしく置いて跡がつくらいで充分。また、形が少し歪んでいるときは、ゴムべらで軽く側面を押さえてなじませてください。

7. 190度で計28〜30分焼く

再度生地に霧吹きで水を吹きつけ、190度に予熱したオーブンで26〜27分焼く。一度取り出して天板の前後を逆にし、再度オーブンで2〜3分焼く。取り出してケーキクーラーに置き、冷ます。

8. バニラシュガーを作る

バニラビーンズは縦半分に切って包丁の背で種をこそげ取り、さやも残しておく。ボウルにグラニュー糖、バニラビーンズの種を入れ、指の腹でよくすり混ぜる。

？ 焼くときに気をつけることは？

オーブンの予熱時間は5〜10分以内にする

シュー生地は190度のオーブンで30分ほど焼くので、10分以上予熱してしまうとすると上面が焦げてしまいます。また、生地は絞り出したらすぐに焼かないと、冷めてふくらまなくなってしまうので、作業にかかる時間を逆算しながらオーブンの予熱をスタートさせてください。

？ どうして天板の位置を途中で逆にするの？

焼きムラをなくすため

オーブンの庫内は場所によって火の当たり具合に差があり、手前側は焼き色がつきにくく、奥側は焦げやすいことがあります。焼き上がる2〜3分前にシュー生地の色味を確認し、ムラがあるときは天板の位置を前後逆にして焼き色を均一にしましょう。ただし、オーブンは焼きはじめてから25分間は、絶対に開けないでください。開けてしまうと庫内の温度が一気に下がり、ふくらんでいたシュー生地がしぼんでしまいます。

？ 火の通り具合はどこで確認するの？

割れ目で判断を！

シュー生地は中が空洞のため、割れ目の色味で火の通り具合をチェックしましょう。割れ目に表面と同じような焼き色がついていれば、火が通った証拠です。シュー生地には砂糖が入っていないので、焼き色がつきにくく、真っ黒に焦げることは滅多にありません。ただし、焼き時間が足らないと、中に生っぽい生地が残って食感が悪くなるので、焼き色がついて水分が抜けるまで、じっくりと焼いてください。

？ バニラシュガーを作るのはなぜ？

バニラビーンズを効率よく混ぜるため

バニラビーンズは粘度があるため、一粒一粒をバラバラにしてクリーム全体にちらすには、砂糖とすり混ぜるのが一番。そのまま加えると塊のまま混ざってしまうので、卵液をざるでこす際に除かれてしまうことも！ 必ず砂糖とすり混ぜ、混ざりやすい状態に整えておきましょう。

9. 牛乳液を作る

鍋に牛乳、バニラビーンズのさや、バニラシュガーの1/4量を入れ、泡立て器でさっと混ぜる。中火で熱して煮立ったら火を止め、ふたをして5分おく。

10. 卵黄、糖類を混ぜる

別のボウルに卵黄を入れて泡立て器で混ぜ、残りのバニラシュガーを加えて混ぜる。

11. 粉類、牛乳液の順に加える

Bを合わせてふるい、10に加える。粉けがなくなるまで混ぜ、9を加える。

? 牛乳液を作るときの注意点は？

煮立ったら、火を止める

牛乳液を煮立たせ続けると蒸発して水分量に変化が出てしまうほか、牛乳の香りも飛んでしまうので、煮立ったらすぐに火を止めてください。また、バニラビーンズのさやを加えることで、バニラの強い香りや取りきれずに残った種を余すことなく活用できます。

? 卵黄と糖類を混ぜるときのポイントは？

さっと混ぜて、混ぜすぎない

グラニュー糖が溶けるまで混ぜてしまうと、卵黄が気泡をたくさん抱き込んでしまい、卵黄の風味が薄くなってしまいます。グラニュー糖は温めた牛乳液を加えれば溶けるので、ここではさっと混ぜるだけにして、卵黄のこっくりとした濃厚なうま味を生かしましょう。カスタードクリームは最終的にはホイップクリームと混ぜるので、卵黄の風味をより強く残しておくと、ミルキーなホイップクリームとバランスよく調和します。

? 薄力粉とコーンスターチの役割は？

粘りけを足し、口当たりをよくする

カスタードクリームは卵黄だけだと固まる力が弱く、トロトロとした液状になってしまい、シュー生地に絞り入れることができません。そこで、"のり"のようにのびる薄力粉の粘りけを足すことで、なめらかで食べごたえのある食感に仕上がります。ただ、薄力粉だけだとカスタードクリームは口当たりが重く、味わいも少しクドくなってしまうので、コーンスターチを加えるのがオススメ。クリームパンのカスタードクリームのようなプリッと軽い食感と歯切れのよさを足すことができ、飽きずに食べ続けられるおいしさに仕上がります。

また、粉類は混ぜすぎると粘りけが強く出すぎてしまうので、粉けがなくなるまでさっと混ぜればOKです。

12. よく混ぜてから、ざるでこす

11をよく混ぜ合わせる。鍋にざるを重ね、流し入れてこす。

13. 混ぜながら煮詰める

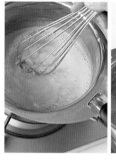

12を強めの弱火で熱し、混ぜ続ける。粘度が出て、のり状に固まってきたら弱火にし、さらに混ぜながら2分ほど煮詰めて火を止める。

? | ざるでこすのはなぜ?

余分なものを取り除くため

卵液の中には、卵のカラザ、バニラビーンズのさや、余計に泡立ててしまった気泡などが含まれています。ざるでこすことで余分なものを除き、口当たりよく仕上げましょう。

? | どうして煮詰めるの?

こっくりなめらかなカスタードクリームにするため

カスタードクリームは煮立つ直前で濃度が一気に高くなるので、完成したと勘違いしてしまう人もいますが、この時点ではまだ粉の深部までは火が通っていない状態。ここからさらに加熱することで粉っぽさをなくしていきましょう。カスタードクリームは粘度が出て、のり状に固まってきた状態から1分30秒ほど経つと、サラーッと落ちるような軽い感触になります。あっさりとした味わいが好きな場合は、この状態で火を止めてもよいですが、こっくりと食べごたえのある味わいに仕上げたい場合は、さらに30秒ほど煮詰めてください。煮詰めながら泡立て器で絶えず混ぜてじっくりと火を入れることで、卵の風味を生かした、濃厚でなめらかなおいしさに仕上がります。

? | 煮詰めるときの
火加減は?

必ず弱火で

今までカスタードクリームは、強火で煮詰めていく作り方が主流でした。これはお店などで大量に作る場合には適していますが、家庭で少量を作る場合には不向きです。なぜなら、卵黄は65度以上で火が入って固まるので、強火で一気に煮立たせて温度を上げてしまうと、卵黄の凝固温度を一瞬で越えてしまい、粗くモロモロとした状態で固まってしまうことに……。煮詰めるときは弱火でゆっくりと加熱をすることで、卵の風味がより引き立ち、なめらかに仕上がります。また、温度が87度以上になると粉類にも火が入り、カスタードクリームが粘りけのあるのり状になります。この粘度がカスタードクリームの濃密さや口当たりを左右しますが、強火で熱してしまうと焦げやすくなって状態の見極めが難しくなるため、火加減は弱火にしてじっくりと作業をしてください。

14. バターを加え、混ぜる

13にバターを加えて混ぜ、バットに取り出す。

15. カスタードクリームを冷やす

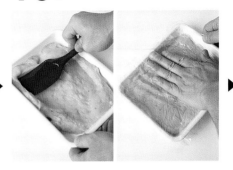

14をゴムべらでならし、ラップを表面にぴったりと張りつける。保冷剤や氷をのせて急冷し、粗熱が取れたら冷蔵室に入れて2時間以上冷やす。

？ バターの役割は？

風味を補強し、混ぜやすい状態にする

加えるバターは10gと少量ですが、こっくりマイルドな味わいをプラスすることができ、ほかの素材の風味も引き立ててくれます。さらに、カスタードクリームは一度冷蔵室で休ませますが、そのあとに混ぜてクリームをほぐす際、バターの油分で作業がしやすくなる効果も！　ここで油分を加えるか加えないかで、クリームの状態が全く異なります。

？ どうして急冷するの？

雑菌の繁殖を抑えるため

カスタードクリームは、卵黄をベースに糖類や粉類などの材料が多く混ざっています。さらに煮詰めた直後は高温になっているため、そのまま自然に温度が下がるのを待っていると雑菌の温床になってしまいます。バットに薄く広げてラップをぴったりと張りつけ、保冷剤をのせて急冷をすることで、雑菌の繁殖を防いでください。急冷する際、バットを氷水に浸すとカスタードクリーム内に水が入ってしまう恐れがあるので、保冷剤を活用するのがオススメです。

？ バットに取り出さないとダメ？

平たくすると早く冷める

急冷する環境を整えることは、安全でおいしいカスタードクリームを作るための大切な作業。面倒だからと鍋のまま冷ますと、雑菌が一気に増えてしまいます。

？ 冷蔵室で冷やすのはなぜ？

味を落ち着かせるため

混ぜた直後のカスタードクリームは、味にまとまりがない状態なので、休ませてあげる時間が必要。急冷して粗熱が取れたら、冷蔵室に入れて2時間以上冷やし、味をなじませてください。冷蔵室で冷やす際は、ラップを表面に張りつけて乾燥を防ぐことが大事！　乾燥すると表面に薄い膜ができて食感が悪くなります。

16. アルミケースを用意する

アルミケースを8枚重ねて平たく広げ、直径約7cmのグラスをのせる。はみ出た部分を持ち上げて折り曲げ、形を整える。

17. シュー生地に穴をあける

シュー生地の底面に包丁の先で穴をあけ、口金の先を入れて穴を広げる。

？ アルミケースは必要？

ふたの役割がある

シュー生地の底面に穴をあけてクリームを入れるため、アルミケースで底面にふたをしないとクリームがあふれ出てしまいます。アルミケースは一度折り目をのばして平たくし、直径約7cmのグラスやセルクルをのせて再度折り目をつけると、シュークリームがぴったりとのせられる大きさに！　アルミケースは使用する枚数を全て重ねてから作業をすると効率的です。もしアルミケースがなければ、オーブン用シートを5〜6cm大に切ったものを張りつけてもOK。

？ シュー生地に穴をあけるときのコツは？

包丁を刺してから口金を入れる

カスタードクリームはシュー生地の底面から絞り入れるので、あらかじめ穴をあけておくと作業がスムーズです。クリームは丸口金をつけた絞り出し袋で入れるので、穴は丸口金を直接差し込むと必要最小限の大きさであけられます。ただし、シュー生地は固いので、いきなり丸口金で無理にあけようとすると、ひび割れてしまうことも。まずは包丁の先で少し刺し、穴をあけやすい状態にしておきましょう。

？ カスタードクリームの状態はどこで確認するの？

裏返してチェックする

冷やしたカスタードクリームは、まずゴムベらやスプーンでめくってみましょう。カスタードクリームがプルンッとした弾力を帯び、バットに何もつかずにきれいにはがれたら成功です。そして、カスタードクリームがバットにベタベタとくっついてめくれないときは、煮詰める作業が足りずに失敗してしまった状態。加熱不足だと粉類の深部まで火が入らず、粘りけも足りないので、カスタードクリーム内の水分が離水してしまいます。この状態になるとモロモロとした質感になって舌ざわりも悪いので、食べることができません。

（成功）　（失敗）

18. カスタードクリームを混ぜる

ボウルに**15**を入れ、ハンドミキサー（低速）でツヤが出るまで混ぜる。ゴムべらに持ちかえ、やわらかくなめらかになるまで練り混ぜる。

19. 生クリームを泡立てる

別のボウルにCを入れる。ボウルの底を氷水に当てながらハンドミキサー（高速）で大きな円を描くようにして混ぜ、しっかりツノが立って分離する直前まで泡立てる。

❓ カスタードクリームを混ぜるときのコツは？

ハンドミキサーで混ぜてからゴムべらで仕上げる

冷たいカスタードクリームは弾力が強くて重いので、はじめからゴムべらで混ぜるのは重労働。パワーのあるハンドミキサーを活用し、ほぐしながら混ぜることで作業を効率よく進めてください。ただし、回転スピードの速いハンドミキサーを使いながらカスタードクリームの状態を見極めるのは難しく、ちょうどよい固さを一瞬で通り過ぎてしまうことも……。混ぜすぎると食感が悪くなって元の状態には戻れないので、やわらかくなってきたら必ずゴムべらに持ちかえて作業を。最後の仕上げはゴムべらで丁寧に混ぜながら、なめらかな状態へと整えていきましょう。

❓ カスタードクリームはどんな状態になったら完成？

ゴムべらで持ち上げ、落ちなければOK

カスタードクリームにツヤが出てなめらかになったら、ゴムべらで持ち上げてみてください。ゴムべらから落ちずに、そのまま留まっていれば完成です。また、持ち上げてボテッと落ちるときは混ぜ足りない状態で、トロッと流れ落ちるときは混ぜすぎてゆるくなった状態です。

❓ どうして生クリームを分離直前まで混ぜるの？

カスタードクリームとなじませないため

ホイップクリームが七〜八分立てのやわらかな状態だと、粘りけのあるカスタードクリームと混ぜたときに、完全になじんでしまってホイップクリームの風味を感じられなくなります。さらにホイップクリームがなじんでしまうとカスタードクリームの味が薄くなり、おいしさも半減。2種のクリームの味をどちらも損なわず、生かしながら混ぜるためには、生クリームを分離直前の最も固い状態に仕上げることがポイントです。固いホイップクリームはカスタードクリームと完全にはなじまず、2種のクリームがまだらに混ざるので、それぞれの味わいをしっかりと感じることができます。

20. 2種のクリームを混ぜる

18に19をカードで入れ、ゴムべらで底から上下を返すようにして3回混ぜる。

21. シュー生地にクリームを絞り入れる

丸口金をつけた絞り出し袋に20をカードで入れる。穴をあけたシュー生地の底面からクリームを均等に絞り入れ、準備したアルミケースに置く。

? | 2種のクリームを 3回しか混ぜないのはなぜ?

まだらに仕上げるため

カスタードクリームとホイップクリームは、どちらの味も最大限生かしながら混ぜ合わせたいので、完全にはなじませずにまだらに混ぜるのがベスト。クリームは混ぜたあとに絞り出し袋に入れ、シュー生地に入れる過程でも混ざり合ってしまうので、ボウル内で混ぜる回数は3回までに抑えておきましょう。

? | 絞り入れるときの注意点は?

絞り出し袋内の余計な空気を抜いておく

絞り出し袋内に余計な空気が入っていると、シュー生地に絞り入れる際にボフッと空気も出てしまい、クリームが飛び散ってしまうことも。絞り出し袋の口を閉じずに空気の逃げ道を確保しながら、カードで押し出すようにして余計な空気を抜いておきましょう。また、カスタードクリームには卵黄を使っているので、絞り出し袋は使い捨てできるポリエチレン製のものを用いると衛生的です。

? | クリームはどのくらい 入れたらいいの?

重さと手の感触で判断する

クリームを絞り入れる際、シュー生地の中が見えないので、クリームが充分に入ったかどうかは、手に感じる重さとシュー生地のふくらみ具合で見極めてください。シュー生地はクリームで満たされるとズシッと重たくなり、ムクッとふくらんでくるのが手の感触でわかります。

? | シュー生地は 保存できるの?

クリームを入れなければ、保存可能

シュー生地は常温で2日ほど日持ちしますが、保存する際は容器などに入れて密閉しないように注意! 食感が悪くなってしまいます。また、シュー生地の香ばしさを損なわないよう、クリームは食べる直前に絞り入れましょう。

失敗してしまうと……

［シュー生地／失敗例①］　ふくらまない

原因　卵の量が足りなかった

卵を加えて混ぜたあと、生地を持ち上げて二等辺三角形になるかの確認をしていないと、水分量が足りないまま焼いてしまうことも。焼く前に必ず生地の温度と状態を確認し、持ち上げて生地がボテッと落ちるときは、溶き卵（水分）を足しましょう。

［シュー生地／失敗例③］　横に広がる

原因　・卵の量が多かった　・生地が冷めてしまった

生地が冷めると、水分量は充分足りているのに、持ち上げてもきれいな二等辺三角形にならないことがあります。生地が冷たいまま、二等辺三角形になるまで溶き卵（水分）を加えてしまうと、水分量が多くなってダレる原因に。横に広がってしまい、縦にふくらまなくなります。

［シュー生地／失敗例⑤］　横に流れてふくらむ

原因　コンベクション機能のオーブンで焼いた

コンベクション機能のオーブンは、庫内に熱風を対流させることで火を通すため、シュー生地が熱風に当たり続けることになり、生地が横に流れてふくらんでしまいます。可能であれば、コンベクション機能を停止してから焼いてください。

［カスタードクリーム／失敗例①］　ダマが残り、食感が悪い

原因　・粉類をよく混ぜずに牛乳液を加えた　・卵液をこさなかった

まだ粉けが見えているうちに牛乳液を加えてしまうと、粉類が塊でくっついてしまい、カスタードクリーム全体にちりません。塊はダマとして残ってしまい、モロモロとした食感になります。また、卵液をざるでこすのを忘れたり、目の粗いざるでこしたりすると、余分なゴミを除けず、カスタードクリーム内に残ってしまいます。

（成功）

（失敗）

［シュー生地／失敗例②］　ふくらまない

原因　生地が冷めてしまった

生地は失敗なく作れていても、焼く前の生地温度が35度以下に冷めてしまうと、家庭用オーブンのパワーではモコモコとふくらんで焼けません。生地が冷めてしまったときは、ボウルの底を湯（約50度）に当て、温め直してから焼いてください。

［シュー生地／失敗例④］　ふくらまない

原因　途中でオーブンを開けてしまった

シュー生地を焼きはじめてから25分間は、オーブンを絶対に開けてはダメ。生地がまだ焼き固まっていないので、オーブン庫内の温度が下がることで、ふくらんでいた生地が一気にしぼんでしまいます。天板の前後を逆にするときは、必ず25分以上焼いてから行ってください。

［シュー生地／失敗例⑥］　固い塊になる

原因　練り混ぜなかった

生地を風船のようにふくらませるには、薄力粉を加熱しながら練り混ぜ、粘けのあるのり状に仕上げないとダメ！ この作業を一切行わないと、生地をふくらませる要素がないので、ゴツゴツとした塊で焼けてしまいます。

［カスタードクリーム／失敗例②］　食感が悪い

原因　煮詰め足りなかった

カスタードクリームは泡立て器で混ぜながらしっかり煮詰めないと、粉類に火が通らず、ブツブツとした食感が残ってしまいます。煮詰める際は、粘度が出てのり状に固まってきた状態からさらに1分30秒ほど経つと、なめらかなツヤが出てきてサラーッと落ちるような軽い感触に変化するので、この状態になるまで加熱を続けてください。

（成功）

（失敗）

「シュークリーム」
をアレンジ

クリームをかえるだけで、新鮮なおいしさに！
同じ材料で2層にしたり、
チョコレートを加えたりと、
際限のない魅力に心をぐっとつかまれます。

カスタードクリームと
ホイップクリームを混ぜずに2層に

生地のザクザク感と
クリームのなめらかな
口溶けが最高

シュークリームの作り方**17**（P76）でシュー生地は、穴をあけずに上から1/3のところで横に切り分ける。作り方**19**（P77）で別のボウルに生クリーム（乳脂肪分40%以上）150g、グラニュー糖5gを入れ、ボウルの底を氷水に当てながらハンドミキサーで大きな円を描くようにして混ぜ、八分立て（すくうと先端が下を向くくらい）に泡立てる。シュー生地の下側にカスタードクリーム、ホイップクリームの順にスプーンで入れ、シュー生地の上側をのせる。

POINT

シュー生地は中の薄皮があれば除き、クリームをたっぷりと入れられるようにしましょう。また、シュー生地は表面が固く、中が空洞になっているので、切るときは慎重に。シュー生地を上から握るように押さえると指が危ないので、指を反らすようにして手のひらで上面を押さえて切るか、シュー生地を横に倒して切ってください。使用する包丁は、パンなどを切るときに使う波刃がオススメ。普通の包丁だと滑ってしまい、切りにくいです。

POINT

カスタードクリームとホイップクリームを混ぜずに2層にするときは、生クリームを八分立てに泡立てると口当たりよく仕上がります。シュー生地を切ってクリームを1種類ずつ入れるので、絞り出し袋を使用しなくてもOK！ スプーンなどで直接入れることができ、手軽です。

カスタードクリームにチョコレートをプラス

ほんのりビターな
濃厚クリームが
ヤミツキになる

シュークリームの作り方**14**（P75）でバターのかわりにチョコレート（製菓用）100gを加え、余熱で溶かしながら混ぜる。あとは同様に作り、作り方**17**（P76）でシュー生地は、穴をあけずに上から1/3のところで横に切り分ける。シュー生地の下側にチョコレートカスタードとホイップクリームを混ぜたものを絞り入れ、シュー生地の上側をのせる。

POINT

チョコレート、ココア、コーヒーなど、苦みとコクが強い食材を組み合わせるときは、甘みを強くしないと苦みだけが主張されてしまい、味のバランスが悪くなります。普通に考えるとチョコレートの甘さを足す分、糖類の量を少なく調整したほうがいいのでは？ と思いますが、カスタードクリームは糖類の量をそのままキープしてください。チョコレートの甘さを配慮して糖類を減らしてしまうと、甘みが足りなくなってしまいます。

プリン

身近だけど簡単じゃない。
実はものすごく
奥が深いお菓子

　修業時代、少ない材料と簡単な工程で作れるはずのプリンに、惜しみない情熱を傾けて作り続けている先輩を目の当たりにしては、いつも自分の勉強不足を痛感していました。料理研究家として改めて、プリンと本気で向き合おう！　と決めてからは、卵白と卵黄が熱凝固する際に温度差があることや、砂糖の糖度で均一に固まるように乳製品でコントロールすることなど、ひとつひとつ理解を深めて学び続けました。そして、知識を得ながらトライアンドエラーをくり返し、やっと最近になって理想の質感を持つプリンが完成したのです。

　僕の理想とするプリンは、型から抜いたときに潰れることなく、すっと立っていられる固さが備わっていることが第一条件。さらに、スプーンを入れるとプルンと揺れるほどむっちり濃厚な質感なのに、食べるとそこまでしつこい甘さではないことや、口に入れるとほろ苦いカラメルと芳醇なラムの香りがふわっと香りつつ、最後はやさしい卵の風味を余韻で感じられることを重視しています。

　紹介しているレシピは完成形で、とてもおいしく作れるのは間違いないと自信を持って言えます。でも、もしかしたらさらにおいしくなるコツや、かけられる手間があるのかも……と、初心を忘れずに、修業時代の先輩の背中を追いかけながら、これからも向き合い続けたいと思っています。

カスタードプリン

かけられる手間を
全てかけてこそ、
プリンは格段においしくなる

　プリンをはじめて食べたときのことを覚えている人は、そんなに多くないと思います。気がついたら食べていたという人が多いのではないでしょうか？　それくらい誰にとってもプリンは身近な存在で、日常のおやつとして親しまれてきました。さらに卵、砂糖、牛乳があればプリンは作れるので、材料の少なさと、なじみのある茶碗蒸しと同じように蒸せばよいといった手軽さが、家庭で作れるお菓子として広く浸透した理由ではないかなと思います。

　しかし、一様には作れていても、ものすごくおいしく作るには、手間をかけてコツをつかむ必要があります。卵の特性を知り、自分の作りたい味や食感のお菓子に仕上げていくのは、簡単ではありません。

　僕が独立したてのころ、よく読んでいた日本料理の本に、茶碗蒸しをこれでもかと手間をかけて作るレシピが載っていました。その中でふと目を留めた先に、茶碗蒸しの舌ざわりをよりなめらかなものにするには、「卵液を二度こすこと」と書いてあったのです。これを見たときに、プリンも同じように作ってみよう！　と思い立ち、今の作り方の土台ができました。僕が読んできたお菓子の本では、卵液を2回こすレシピはありませんでしたが、お菓子がおいしくなるヒントなら、どんなジャンルからも取り入れよう！　と、決心した出来事です。

カスタードプリン

焼き時間　140度／30〜35分

材料（5〜6個分）

【カラメル】
グラニュー糖 —— 50g
水 —— 15g
ラム酒 —— 30g

【卵液】
卵 —— 4個（210〜220g）
グラニュー糖 —— 65g
バニラビーンズ —— 1/2本
牛乳 —— 300g
生クリーム（乳脂肪分35%）—— 30g

下準備

◎ バニラシュガーを作る。バニラビーンズは縦半分に切って包丁の背で種をこそげ取り、さやも残しておく。ボウルに卵液のグラニュー糖、バニラビーンズの種を入れ、指の腹でよくすり混ぜる。

◎ 牛乳液を作る。鍋に牛乳、生クリーム、バニラビーンズのさや、バニラシュガーの1/3量を入れ、泡立て器でさっと混ぜる。中火で熱して煮立ったら火を止め、ふたをして5分おく。

【 カラメルを作る 】

1. 水、グラニュー糖を混ぜ、加熱する

鍋に水、グラニュー糖を入れ、ゴムべらで混ぜてなじませる。中火で熱し、煮立たせる。

? | バニラシュガーを作るのはなぜ？

バニラビーンズを効率よく混ぜるため

バニラビーンズは粘度があるため、一粒一粒をバラバラにしてプリン液全体にちらすには、砂糖とすり混ぜるのが一番。そのまま加えると塊のまま混ざってしまうので、プリン液をざるでこす際に除かれてしまうことがあります。

? | 牛乳液を作るときの注意点は？

煮立ったら、火を止める

牛乳液を煮立たせ続けると蒸発して水分量に変化が出てしまうほか、牛乳の香りも飛んでしまうので、煮立ったらすぐに火を止めてください。また、バニラビーンズのさやを加えることで、バニラの強い香りや取りきれずに残った種を余すことなく活用できます。

? | 水と糖分は混ぜてから加熱したほうがいい？

混ぜると均一に加熱ができる

加熱前に水とグラニュー糖をよく混ぜてなじませることで、ムラなく加熱ができます。カラメルは、加熱しはじめたら混ぜないほうがよいので、必ず加熱前に混ぜて状態を整えておきましょう。

プリン型
容量150㎖、直径（上部）6.5×高さ6×
直径（底部）5㎝のもの。

（完成）　　　　（断面）

---

2. 濃い茶色に色づくまで煮詰める

1をそのまま煮詰め、縁が茶色くなってきたら弱火にする。全体が茶色くなるまで煮詰めて火を止め、さらに鍋を傾けながら濃い茶色にする。

3. ラム酒を加え、混ぜる

2の鍋にざるを重ね、ラム酒を少しずつ加える。ゴムべらでさっと混ぜて中火で熱し、再度混ぜながら均一になじませて火を止める。

? 余熱で火を通す際のポイントは？

鍋は揺すらない

鍋を傾けながら余熱でカラメルに火を通す際、揺すってショックを与えないように注意してください。揺するとカラメルが強いダメージを受けて糖分が再結晶化し、温めても元のなめらかな状態には戻らなくなってしまいます。

? カラメルをおいしく作るコツは？

理想の色より、ワントーン濃くする

色が薄いとカラメル特有の香ばしいほろ苦さを感じられないので、濃い茶色に色づくまでしっかりと火を通すことが重要。カラメルは焼成後に卵液の水分を吸って色が少し薄くなるので、自分が思っている色味よりもワントーン濃く仕上げてください。

? どうしてラム酒を加えるの？

加熱をストップし、香り高いカラメルにするため

ラム酒（水分）を足すことで、これ以上余熱で焦げないようにするほか、煮詰まった状態のカラメルをゆるめてソース状にします。さらにラム酒の豊かな香りで、より一層奥深い味に！ また、ラム酒を加えるときは、鍋にざるを重ねて水分がハネるのを防ぎましょう。

4. 型にカラメルを流し入れる

3を型に均等に流し入れる。型を傾けながら底面全体にカラメルを広げ、室温に置いて冷ます。

5. 卵、糖類を混ぜ、牛乳液を加える

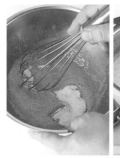

ボウルに卵を割り入れ、泡立て器で卵黄を潰してから溶きほぐす。残りのバニラシュガーを加え、静かに混ぜ合わせる。牛乳液を再度中火で熱して煮立ったら、卵液に3回に分けて加え、そのつど静かに混ぜ合わせる。

? どうして型を傾けながらカラメルを広げるの？

型の隅まで入れるため

カラメルは型に流し入れただけでも広がりますが、さらに傾けながら全体に広げることで、型の隅々まで行き渡らせましょう。ただし、型に入れた直後は型の底が熱くなっているので、さわってやけどをしないように気をつけてください。

? 卵を混ぜるときの注意点は？

泡立てずに混ぜる

卵、砂糖、牛乳液はよく混ぜてなじませたいのですが、ここで激しく混ぜて泡立ててしまうと余計な気泡が生まれてしまいます。気泡はプリンの"す"となって残るため、必ず静かに混ぜてください。勢いよくぐるぐると円を描くようにして混ぜると泡立つので、泡立て器を立てて持って英字の「W」や「Z」を描くようにして混ぜましょう。

? 卵を溶きほぐしてから糖類を加えるのはなぜ？

糖類がダマになるのを防ぐため

糖類には水分を保持して逃がさない性質があるため、卵黄に直接触れると水分と油分を一気に吸ってダマになります。糖類はダマになると溶けにくくなるため、必ず卵黄と卵白をよく溶きほぐしてから加えてください。

? 牛乳液は一気に加えたらダメ？

必ず3回に分けて加えて

卵はドロッとした粘度があるので、牛乳液を少しずつ加えて状態をゆるめていくことで、液体と混ざりやすくなります。3回に分けて加えずに全量を一度に加えてしまうと、混ざったように見えても牛乳液がボウルの底にたまっていたり、なかなか混ざり合わずに余計な気泡を立ててしまったりと、かえって混ぜるのに手間や時間がかかり、効率が悪くなります。

6. 卵液を2回こす

鍋にざるを重ね、**5**を流し入れてこす。ボウルにざるを重ね、再度流し入れてこす。

7. 型に卵液を流し入れる

4の型に**6**をナイフに当てながら均等に流し入れる。バットにペーパータオルを2枚重ねて敷き、型をのせる。霧吹きでアルコール適量（分量外）を吹きつけ、気泡を消す。

？ 卵液をざるで2回こすのはなぜ？

なめらかな口当たりにするため

卵液の中には卵のカラザ、バニラのさや、余計に泡立ててしまった気泡などが含まれています。一度ざるでこしてこれらの余分なものを除き、再度こすことで卵液のキメを整えてなめらかな口当たりにします。

？ 卵液を型に入れるときのポイントは？

バニラビーンズを均等に入れる

卵液内のバニラビーンズは、ボウルの底に沈んでたまってしまうので、卵液を型に流し入れていく際、最後の方に残った卵液には、バニラビーンズが多く含まれています。残った卵液をひとつの型だけに入れてしまうと、バニラビーンズの量に偏りが出てしまうので、個体差がないように全ての型に少しずつ均等に流し入れてください。

？ どうして卵液はナイフに当てながら加えるの？

カラメルへのダメージを最小限にするため

熱い卵液を直接カラメルに流し入れると、カラメルが溶けて穴があき、卵液と混ざり合ってしまいます。ナイフやへらなどをつたわせて流し入れることでショックを和らげると、糖度の異なるカラメルと卵液は混ざらずにきれいな2層になります。また、卵液は型に入れるときに45〜55度をキープしているのが理想。均一に火が通りやすくなり、"す"（気泡）が立ちにくくなります。

？ ペーパータオルは敷いたほうがいいの？

熱の当たりを和らげるために必要

湯煎焼きは火の当たりを弱めてくれますが、型とバットの金属同士が直接触れてしまうと、熱の通りがよくなってしまいます。バットにペーパータオルを敷いて金属同士が触れ合わないようにし、熱の当たりを和らげましょう。また、ペーパータオルは3枚以上になると火の通りが悪くなるので、必ず2枚までに。

【 プリンを仕上げる 】

8. 140度で30〜35分 湯煎焼きにする

7を140度に予熱したオーブンに入れ、湯（50度）を高さ1〜2cmまで注ぎ入れる。30〜35分湯煎焼きにして取り出し、氷水に浸して急冷する。冷蔵室に入れ、3〜4時間冷やす。

9. 型から取り出す

型の側面に沿って包丁を5mmほど軽く差し込み、ぐるりと一周させる。熱湯に型を15秒ほどつけて取り出し、平皿をかぶせる。型ごと上下をひっくり返し、一度縦に大きく振ってプリンを取り出す。

？ 湯煎焼きの注意点は？

湯の温度と量を守ること

プリンを湯煎焼きにするのは、バットと湯を通して間接的に熱を入れることで、"す"（気泡）が立つのを防ぎつつ、中までしっかりと火を通すためです。湯は温度が高すぎても低すぎてもダメですし、注ぎ入れる高さが1cm以下でも2cm以上でもダメ！ 熱湯だと卵の凝固温度（70〜75度）よりも高いので、火が早く入りすぎて"す"が立ってしまいますし、水だと表面だけが焦げて中まで火が入りません。湯の量は、多いと火が入らず、少ないと火が早く入りすぎてしまうので、レシピを厳守しましょう。

？ どんなオーブンでも 同じように焼ける？

コンベクション機能のオーブンは要注意

コンベクション機能を備えたオーブンの場合、庫内に熱風を対流させることで火を通すので、焼成中に卵液の表面が熱風で揺らされ続けることになってプリン液が固まりにくくなります。コンベクション機能を停止できないときは、アルミホイルをかぶせてから焼いてください。

？ 火の通り具合を 確認する方法は？

プリンを揺らして判断

プリンはケーキのように火の通り具合を竹串でチェックできないので、型を揺らして状態を確認しましょう。判断基準としては、真ん中がかすかに揺れるときはベストな状態！ 揺らしてもプリンが動かないときは加熱しすぎた状態で、全体がぷるぷるとよく動くときは加熱が足りない状態です。

？ プリンを取り出すときのコツは？

包丁を入れてから上下に大きく振る

プリンの表面には薄い膜ができていて、型に張りついています。包丁を5mmほど入れて膜を型からはずしたら、平皿を当てて上下を返してください。さらに一度縦に大きく振ってショックを与えることで、型からプリンが一気にはずれてスムーズに取り出せます。また、型を一度熱湯で温めることで、冷え固まって型にくっついているカラメルを溶かし、すべてをきれいに取り出せます。

［ 失敗例① ］ "す"（気泡）が立っている

原因 加熱しすぎた

卵液もカラメルも失敗することなく作れていますが、最後に加熱しすぎてしまうと、プリンの上側と下側に"す"が立ちます。プリンは取り出したあとに余熱でも火が入るので、プリンを揺らして全体が激しく動かなければ、40分以上は焼かないでください。

［ 失敗例③ ］ 上面がヘコみ、側面がヒビ割れる

原因 加熱が足りなかった

プリンの表面だけが焼けて中がまだゆるゆるの状態だと、形をキープすることができません。中まで火が通っていないので、側面はゆるくたわみ、上面はヘコんでしまいます。オーブンから取り出したあと、必ずプリンを揺らして火の通り具合をチェックしましょう。

［ 失敗例⑤ ］ 崩れる

原因 ・オーブンの温度が高かった
・湯煎焼きの際、湯の温度が低かった

オーブンの温度が高すぎると表面がすぐに焼き固まってしまい、下側はまだゆるゆるの状態なのに火が通ったように見えてしまいます。また、注ぎ入れた湯の温度が50度以下だと、指定の焼き時間でもなかなか火が通らず、型からはずすと崩れてしまいます。

［ 失敗例② ］ 表面はモロモロと崩れ、食感はボソボソしている

原因 ・牛乳液を一気に加えた
・卵液が混ぜ足りなかった
・卵液をこさなかった

卵と牛乳液は混ざりにくいので、牛乳液を一気に加えてしまうと、一見混ざったように見えても、実は牛乳液がボウルの底に沈んだだけで混ざっていないことがあります。必ず牛乳液は3回に分けて加え、少しずつ溶きのばしてください。さらに卵液をざるで2回こさないと、余分なものが卵液に混ざったままなので、なめらかな食感に仕上がりません。

［ 失敗例④ ］ 割れる

原因 ・湯煎焼きの際、湯を2cm以上注いだ

湯煎焼きをする際、湯の温度は50度でも、型の高さいっぱいまで湯を注ぎ入れてしまうと、プリンの中まで火が通りにくいです。表面や側面だけが焼き固まった状態で中がゆるゆるなので、取り出すと中から割れてしまって形をキープすることができません。

「カスタードプリン」をアレンジ

大迫力のビッグプリンにしたり、感動のとろとろプリンにしたりと、夢は広がります。基本のプリンとはひと味違うおいしさを楽しんでください。

卵液を1.5倍にして大きく焼く

驚きのボリュームとなめらかな口当たりは、類を見ない！

型について　直径15cmの丸型を使用。

※直径18cmの丸型で作る場合は、カスタードプリンの卵液の材料 (p86) を2倍にし、15cmの丸型と同様に作る。

材料（直径15cmの丸型1個分）

【カラメル】
グラニュー糖 —— 50g
水 —— 15g
ラム酒 —— 30g

【卵液】
卵 —— 6個 (320〜330g)
グラニュー糖 —— 100g
バニラビーンズ —— 1/2本
牛乳 —— 450g
生クリーム (乳脂肪分35%) —— 45g

作り方

カスタードプリンの卵液の材料（P86）を約1.5倍にする。作り方4 (P88) と7 (P89) で直径15cmの丸型にカラメルと卵液を流し入れ、バットにペーパータオルを4枚重ねて敷く。作り方8 (P90) で湯を高さ4cmまで注ぎ入れ、作り方9 (P90) で型から取り出す際は包丁を型の底まで差し込む。あとは同様に作る。

POINT
基本のプリンと同様に焼くと、外側だけに火が通ってしまって"す"（気泡）が立つので、ペーパータオルを4枚重ねて型の下に敷き、湯を4cm高さまで注ぎましょう。

POINT
型が大きい場合は、包丁を底まで差し込んでプリンと型を完全に切り離しましょう。包丁は上下に動かすと側面に傷がついてガタつくので、差し込んだ状態のまま動かし、一周させてください。

配合を変えてとろとろプリンに

口の中でスーッと溶けていく、とろけるような食感

型について
容量100mlの耐熱ガラスを使用。口の中でとろけるようなやわらかな食感に仕上げたいので、火がゆっくりと均一に入る、耐熱性の小さなガラス瓶を使いましょう。

材料（4〜5個分）

【カラメル】
グラニュー糖 —— 50g
水 —— 15g
コアントロー —— 30g

【卵液】
卵黄 —— 3個分 (57〜60g)
グラニュー糖 —— 30g
きび砂糖 —— 15g
バニラビーンズ —— 1/3本
牛乳 —— 150g
生クリーム (乳脂肪分35%) —— 150g

作り方

カスタードプリンの材料 (P86) は、カラメルのラム酒をコアントローにかえ、卵液の材料と分量を変更する。下準備（P86）でグラニュー糖と一緒にきび砂糖を加え、作り方3 (P87) でコアントローを加える。作り方4 (P88) で耐熱ガラスにカラメルを流し入れ、作り方5 (P88) で卵黄を使用する。作り方7 (P89) で耐熱ガラスに卵液を流し入れたら、あとは同様に作り、型から取り出さずにそのまま食べる。

POINT
クリーミーなとろけるプリンは、柑橘のさわやかな香りがするコアントローと好相性。きび砂糖のコクも足し、やさしい味わいに。

材料と道具を知る

お菓子作りに欠かせない材料と道具についてご紹介。材料はそれぞれが持つ特徴や役割について理解できると、作ることがさらに面白くなります。そして、お菓子作りは環境を整えることも大事なので、道具の選び方や使い方を参考にしてください。

小麦粉

小麦粉内のタンパク質は、水分と結びついてグルテンという物質になり、お菓子の形や食感を左右します。薄力粉を多く入れすぎたり、生地を混ぜすぎたりすると、グルテンの量が増えて生地に"固さ"や"粘り"が生まれてしまうこともあるので、扱いには注意が必要。作り方に"生地にツヤが出てくるまで10〜20回ほど混ぜる"など詳細を明記しているのは、生地を混ぜすぎたり、混ぜ足りなかったりすることなく、そのお菓子にとって最もよい状態に仕上げるためです。

糖類

「お菓子を作ったら、砂糖の量に驚いた」とか「砂糖の量が多かったから減らしてしまった」という声を聞きますが、安易に増減すると失敗につながるので注意。同じ糖類の量でも、生地の密度が高ければ甘く感じ、軽い食感だと控えめな甘さに感じるため、食感も配慮したうえで糖類の量は決まっています。さらに"水分を保持してしっとりさせる""きれいな焼き色をつける""気泡が消えないように支える"などの役割もあるため、甘みだけに気をとられていると、お菓子としてのバランスが崩れてしまいます。

バター

バターの使い方によってお菓子の食感は大きく変化します。"粘土のように薄くのび、材料と材料の間に入って層を作る""空気をたくさん含んでクリーム状になり、生地をふんわりと持ち上げる"など、風味をよくする以外にも大きな役割を担っています。本書では、主に「食塩不使用の発酵バター」を使用。「塩」は少量でも"塩味がつく""生地が固くなる"などの影響を与えるため、お菓子作りには必ず「食塩不使用」を。「発酵バター」は、強い香りとコクがあるので、好みによって使い分けてください。

卵

卵は味つけや風味よりも「機能面」で果たす役割が大きいです。"空気をたくさん取り込んで生地をふくらませる""水と油を結びつけて乳化させる"など、卵の性質を利用して、お菓子は成り立っています。本書では、卵はすべて「M玉（正味50g）」を使用。卵は水分としての働きもあるため、家にL玉しかない場合は量を調整してください。また、卵はなるべく新鮮なものを使い、"室温にもどす""湯煎で温める"など、お菓子によって温度を変えることで、卵の持つチカラを最大限に発揮できます。

ボウル

ステンレス製と、ガラス製の耐熱ボウルを使用。ステンレス製はどんな作業にも使える万能さが魅力で、ガラス製の耐熱ボウルは主に電子レンジで加熱をする際に使用します。大きさは大体直径20〜22cmのものをよく使いますが、サイズ違いを数種類用意しておくと重宝します。

ゴムべら

適度な"しなり"があり、持ち手部分とへら部分が一体化しているものを。一体化していないと、溝などのすき間に材料が入り込んでしまい、手入れが大変です。持ったときに自分の手になじみ、しっくりとくるものを選びましょう。

カード

適度な"しなり"があると、作業がしやすいです。曲線部分はボウルの側面に当てて使用し、直線部分は台などの平面で作業をするときに使用します。

泡立て器

ボウルと合わせて使用することが多いので、持ち手部分がすべてボウルの外に出るくらいのサイズが使いやすいです。27cmくらいのものがひとつあればお菓子作りはできますが、大・小の大きさ違いをそろえておくと便利です。

ハンドミキサー

生地を混ぜる先端部分がバルーン状のものを使用してください。先端がとがった形だと生地に少ししか当たらないため、攪拌しにくいです。バルーン状のものは、生地にたくさん当たるため、より早く混ぜることができます。

ざる

ステンレス製で網状になっているものを。穴をあけただけのパンチングざるは、粉や液体が落ちてこないので、お菓子作りには使用できません。

電子スケール

お菓子作りでは、計量の正確さがとても大事。少しの計り間違いで、生地の状態に大きく差が出てくるので、必ず1g単位で計れる電子スケールを使ってください。

温度計

温度をさっと計りたいときには、電子温度計が役立ちますが、50度以上のものを計る場合は、100度計を用意しておきましょう。温度を管理できると、失敗も少なくなります。

型

型は形が気に入ったものや、ケアしながら長く使い続けられるものを選んでいます。マフィン型とプリン型は「遠藤商事」、マドレーヌ型とパウンド型は「松永製作所」、ロールケーキ天板は「CUOCA」で購入したものを使用。

ムラヨシマサユキ

料理研究家

製菓学校卒業後、パティスリー、カフェ、レストランの勤務を経て、パンとお菓子の教室をはじめる。深い探求心と情熱から考案されるレシピは、初心者向けから料理上級者向けまで幅広く対応し、作り手に寄り添った作りやすい分量の配合や工程など、再現性の高さにも定評がある。お菓子への愛情が根底にある親切で分かりやすい解説や、親しみやすい人柄にもファンが多い。「家で作るからおいしい」をコンセプトに雑誌、書籍、テレビなどでレシピを提案し、多方面で活躍中。著書に『お菓子はもっとおいしく作れます！』『ムラヨシマサユキのジャムの本』（各小社刊）、『ムラヨシマサユキのチョコレート菓子』（グラフィック社刊）など。

STAFF

撮影／邑口京一郎
デザイン／野本奈保子（ノモグラム）
取材・文・スタイリング／中田裕子
校閲／滄流社
編集／上野まどか

撮影協力
UTUWA

お菓子はさらにおいしく作れます！

著　者	ムラヨシマサユキ
編集人	小田真一
発行人	倉次辰男
発行所	株式会社主婦と生活社
	〒104-8357 東京都中央区京橋3-5-7
	編集部　TEL03-3563-5321
	販売部　TEL03-3563-5121
	生産部　TEL03-3563-5125
	https://www.shufu.co.jp
	ryourinohon@mb.shufu.co.jp
製版所	東京カラーフォト・プロセス株式会社
印刷所	大日本印刷株式会社
製本所	小泉製本株式会社

ISBN978-4-391-15487-0

読者アンケートにご協力ください

この度はお買い上げいただきありがとうございました。『お菓子はさらにおいしく作れます！』はいかがだったでしょうか？　上のQRコードからアンケートにお答えいただけると幸いです。ご協力いただいた方の中から、抽選で20名様に、小社刊行物（料理本）をプレゼントいたします（刊行物の指定はできませんので、ご了承ください）。当選者の発表は商品の発送をもってかえさせていただきます。

お送りいただいた個人情報は、今後の編集企画の参考としてのみ使用し、他の目的には使用いたしません。詳しくは当社のプライバシーポリシー（https://www.shufu.co.jp/privacy/）をご覧ください。